美丽乡村建设关键技术丛书
国家科技支撑计划项目
"长三角快速城镇化地区美丽乡村建设关键技术综合示范"研究成果

长三角乡村小微型特色农业园规划设计理论与方法

主编　朱腾义
参编　陈　涛　王晓诚　姜忠东

·南京·

内 容 简 介

本书主要基于国家科技支撑计划项目"长三角快速城镇化地区美丽乡村建设关键技术综合示范"的相关研究成果。首先对农业园以及相关的概念做了介绍,并且分析了长三角地区乡村发展的有关问题;随后对国内外农业园的发展概况以及其发展衍生的变体等进行归纳;探讨了特色农业园的规划设计在长三角地区的本土化方案,力图为长三角地区特色农业园的建立找到可行、普遍的方法;最后以大丰恒北村的案例进行研究。

本书可供乡村规划建设相关的工程建设人员,高校市政工程专业的本科生、硕士生参考使用。

图书在版编目(CIP)数据

长三角乡村小微型特色农业园规划设计理论与方法/朱腾义主编. —南京:东南大学出版社,2018.6
 ISBN 978-7-5641-7815-4

Ⅰ. ①长… Ⅱ. ①朱… Ⅲ. ①长江三角洲—特色农业—农业发展规划—研究 Ⅳ. ①F327.5

中国版本图书馆 CIP 数据核字(2018)第 122008 号

长三角乡村小微型特色农业园规划设计理论与方法

出版发行:	东南大学出版社
社　　址:	南京市四牌楼 2 号　邮编:210096
出 版 人:	江建中
网　　址:	http://www.seupress.com
电子邮箱:	press@seupress.com
经　　销:	全国各地新华书店
印　　刷:	南京工大印务有限公司
开　　本:	700 mm×1000 mm　1/16
印　　张:	16
字　　数:	200 千字
版　　次:	2018 年 6 月第 1 版
印　　次:	2018 年 6 月第 1 次印刷
书　　号:	ISBN 978-7-5641-7815-4
定　　价:	50.00 元

本社图书若有印装质量问题,请直接与营销部联系。电话(传真):025-83791830

前　言

党的十八大报告指出,要把生态文明建设放在突出地位,融入经济建设、政治建设、文化建设、社会建设各方面和全过程,努力建设"美丽中国",实现中华民族永续发展。在新型城镇化背景下,探索美丽乡村的发展之路是全面实现"美丽中国"、建设生态文明需应对的关键之一,唯有全力推进美丽乡村建设来促进城乡一体化发展,才能从根本上回归"望得见山水,记得住乡愁"的生态美好的愿景。近年来,各种社会竞争日益激烈,生活节奏加快,社会矛盾尖锐化,导致人们的心理越来越压抑,而心理健康出现问题极易引发身体疾病等连锁反应。另一方面,城市居民闲暇时间与可自由支配收入的逐渐增加,使得休闲养生不再是少数人的行为,其已被部分中等收入阶层和工薪阶层所接受。都市人厌倦了城市的单调生活,向往一种有别于城市生活的自然生活。因此,小微型特色农业园就有了广阔的市场前景。然而,随着经济迅速发展,城镇化进程加快,自然村落日渐凋零消失,这意味着人们正在逐渐失去原生态的休闲养生场所。因此保留一定数量的自然村落就显得非常有意义，而且十分迫切。由于小微型特色农业园远离城市的生活环境，亲近自然，具备原始的乡土味，其往往对乡村品质、生态景观等资源要求相当高，这就需要对保留的自然村落进行生态改造和建设，使其真正满足人们身心需求。

当前，在美丽乡村建设的推动下，乡村休闲旅游业有了突破性发展，已在全国范围内遍地开花，从早期的采摘园、农家乐等，逐渐发展成为农舍、观光园以及农业科普旅游基地等。虽然乡村休闲旅游业的发展对我国当前的美丽乡村建设有着不可或缺的推动作用，但它主要是为了让游客感受自然、参与保护自然，同时兼具增加乡村居民经济收入的目的。对美丽乡村建设，在认识层面上，大多仍停留在"搞搞清洁卫生，改善农村环境"的低层次认识上，在建设过程中都是依托当地的自然资源进行开发建设，在全国范围内的数量仍然有限，不能满足城市居民日益增加的新的需求。从这方面讲，建设一定数量的小微型特色农业园对我国城市良性发展和居民身心健康具有非常重要的意义。但其建设正处于起步阶段，建设理念尚未系统成熟，急需相关技术支持。

本书的编写主要基于国家科技支撑计划项目"长三角快速城镇化地区美丽乡村建设关键技术综合示范"的相关研究成果，将农村生产生活和环境治理相融合，以指导小微型特色农业园的打造和建设为目标，充分借鉴美丽乡村建设已取得的成功经验，针对目前我国农村城镇化建设导致自然村庄衰落凋零、自然生态破坏退化以及现有乡村功能不足等突出问题,介绍了小微型特色农业园建设的基础理论、技术背景、技术要素以及技术措施,并列举相关工程示范,对建设美丽乡村具有很强的指导意义。

参加本书编写的有:扬州大学朱腾义(第一、三、四、五、七、八、九、十一章),东南大学王晓诚(第二、六章),江苏明升新农村建设发展有限公司陈涛、姜忠东(第十章)。本书由朱腾义主编。

本书在写作过程中,参考、援引了部分与美丽乡村建设技术等相关的文献内容,在此向有关作者表示衷心的感谢。由于编者水平和编写时间所限,书中难免存在疏漏和错误之处,对相关内容的编排可能不尽合理。恳切地希望广大读者和相关专家批评指正,以便今后修订完善。

编者

2017 年 8 月

目 录

第一章 绪论 …………………………………………… 1

第二章 国外乡村规划设计理念 …………………… 9
  2.1 美国乡村规划 ………………………………… 9
  2.2 日本乡村规划 ………………………………… 11
  2.3 法国乡村规划 ………………………………… 12
  2.4 英国乡村规划 ………………………………… 14
  2.5 德国乡村规划 ………………………………… 15
  2.6 韩国新村运动 ………………………………… 16

第三章 小微特色农业园的规划设计模式 ………… 18
  3.1 国内小微特色农业园模式 …………………… 18
    3.1.1 田园农业旅游模式 ……………………… 18
    3.1.2 民俗风情体验模式 ……………………… 20
    3.1.3 农家乐旅游模式 ………………………… 21
  3.2 国外小微特色农业园模式 …………………… 22

  3.2.1 现代农业示范园································ 22
  3.2.2 生态农业园···································· 23
  3.2.3 休闲农庄和休闲农场······················· 23
  3.2.4 观光农业园···································· 24

第四章 农村规划设计理论进展································ 25
 4.1 传统乡村规划和管理理论···························· 25
 4.2 当代乡村规划理论······································ 26
 4.3 新农村规划设计中复合生态系统理论··········· 27
 4.4 基于资源可持续管理理念的海绵城市设计
   理论·· 32
 4.5 基于压力-状态-响应模型的乡村可持续发展
   评价理论·· 32
  4.5.1 系统压力······································· 33
  4.5.2 系统状况······································· 34
  4.5.3 系统响应······································· 35

第五章 基于海绵城市设计理念的长三角小微型特色农业园规划研究······························ 36
 5.1 设计原则·· 36
 5.2 建设内容·· 41
 5.3 协同设计要求·· 43
  5.3.1 农村住宅生活生产协同设计············ 43
  5.3.2 农业与景观协同设计······················ 49

5.3.3　可持续乡村水系整治协同技术 …………… 53

　　　5.3.4　乡村的水系整治与景观绿化协同设计 ……… 56

　5.4　长三角农业园设计实施的资源生态系统评估

　　　方法 ……………………………………………… 59

第六章　美丽乡村建设模式分析及设计 ……………… 61

　6.1　国内美丽乡村建设模式分析 ………………… 62

　6.2　美丽乡村建设模式的设计思路 ………………… 64

　6.3　美丽乡村建设模式设计方法 …………………… 65

　　　6.3.1　规划层面：建设模式的总体规划和布局

　　　　　　设计 ……………………………………… 66

　　　6.3.2　方案层面：子系统的结构设计和关键技术

　　　　　　选择 ……………………………………… 67

　　　6.3.3　评价层面：模式的效能评估与修正 ……… 67

第七章　长三角乡村小微型特色农业园规划相关

　　　　技术导则 ……………………………………… 68

　7.1　农村住宅生活生产协同设计技术指南 ………… 68

　　　7.1.1　总则 …………………………………… 68

　　　7.1.2　农村住宅生活生产协同规划 …………… 72

　　　7.1.3　农村住宅生活生产协同建设 …………… 76

　　　7.1.4　投资估算和效益分析 …………………… 78

　7.2　乡村水系恢复技术导则 ………………………… 79

　　　7.2.1　总则 …………………………………… 79

    7.2.2 基本理论与技术要求 …………………………… 81
    7.2.3 水系恢复技术与规划内容 ……………………… 84
    7.2.4 规划成果 ………………………………………… 90
  7.3 乡村小微型特色农业园规划设计技术导则 ……… 91
    7.3.1 总则 ……………………………………………… 91
    7.3.2 特色农业园的规划 ……………………………… 96
    7.3.3 特色农业园的建设 ……………………………… 99
    7.3.4 投资估算和效益分析 …………………………… 102

第八章 农业园规划设计案例：盐城市大中镇恒北村特色田园建设规划 …………………………………………… 104

  8.1 区域概况及基础分析 ………………………………… 104
    8.1.1 村庄概况 ………………………………………… 104
    8.1.2 基础设施现状 …………………………………… 114
    8.1.3 污染物排放 ……………………………………… 118
    8.1.4 环境管理成效 …………………………………… 124
    8.1.5 特色与亮点 ……………………………………… 129
    8.1.6 创建基础 ………………………………………… 132
  8.2 规划目标与指标 ……………………………………… 134
    8.2.1 规划目标 ………………………………………… 134
    8.2.2 规划指标 ………………………………………… 136
  8.3 生态文明建设主要任务 ……………………………… 139
    8.3.1 生态产业建设 …………………………………… 139
    8.3.2 生态环境建设 …………………………………… 152

      8.3.3 生态人居建设 …………………………………… 169
      8.3.4 生态文化建设 …………………………………… 176
      8.3.5 生态制度建设 …………………………………… 181
  8.4 重点项目与投资 …………………………………………… 183
      8.4.1 重点项目 ………………………………………… 184
      8.4.2 效益分析 ………………………………………… 185

第九章 技术施工案例：大丰恒北村示范工程 ………… 190
  9.1 施工要求 …………………………………………………… 190
      9.1.1 乡村空间肌理、功能区布局及服务设施
            规划 ……………………………………………… 190
      9.1.2 乡村特色种植、特色景观规划 ………………… 191
      9.1.3 乡村居住与特色农业融合 ……………………… 192
  9.2 示范基地布局及特色 ……………………………………… 193
      9.2.1 乡村空间肌理、布局规划 ……………………… 193
      9.2.2 梨园特色种植、特色景观规划 ………………… 197
      9.2.3 乡村居住与特色农业融合 ……………………… 198
  9.3 生产生活协同改造具体施工情况介绍 …………………… 199
      9.3.1 乡村生活生产协同布局 ………………………… 200
      9.3.2 乡村农房生活生产协同优化设计技术 ………… 200
      9.3.3 农房生活生产协同优化设计的思路 …………… 201
      9.3.4 农房生活生产协同优化设计的内容 …………… 202
  9.4 满足景观需求的乡村水系整治技术 ……………………… 205
      9.4.1 乡村水系沟通整治 ……………………………… 206

9.4.2　乡村水系边坡整治技术 …………………… 207

　　9.4.3　乡村河道底泥原位修复技术 ………………… 207

　　9.4.4　示范工程概况 ………………………………… 208

第十章　基于海绵城市设计理念的复合生态系统
　　　　构建 ………………………………………… 218

　10.1　生物滞留池 …………………………………… 218

　10.2　植草沟 ………………………………………… 220

　10.3　雨水花园 ……………………………………… 221

　10.4　人工湿地 ……………………………………… 224

　10.5　生物种群选取 ………………………………… 225

　10.6　海绵体系自净效果——基于结构方程
　　　　模型分析 …………………………………… 226

第十一章　结论与展望 ………………………………… 235

参考文献 ………………………………………………… 238

第一章 绪 论

据专家预测,尽管我国的城镇化水平已达到65%左右,仍然存在5亿～6亿的农民居住在农村地区。这个现象表明,目前我国的传统村落大部分消失的可能性还是很低,接下来很长一段时期,仍然会延续城乡交错的格局。城镇化是农村发展的必然趋势,可如果从我国国情分析,实现城镇化还将是一个漫长的过程,很长一段时间内仍然会有许多人口居住在农村。当前,我国农村住房的区域规划设计还是落后于社会经济发展所能满足的需求,同时我国农村土地占有面积大,分布零散,地区间的自然条件差异较大,经济和文化发展水平极其不平衡,生产、生活方式也不尽相同等特点,所以,应时代的迫切要求,急需出台一份农村住区规划设计优化理论体系,并且要符合我国现阶段国情并具备一定的时代特征。

实施乡村振兴战略是关系国计民生的根本性问题,是"三农"问题的进一步发展,也是建设美丽新乡村的必由之路。改革开发以来我国发展很快,但在城市化进程中一些乡村问题被有所忽视,诸如人口老龄化的问题、人口从农村到城市、农村土地种植分散、资源浪费严重、利用效率低下、生态环境恶化等。本文针对长三角地区,探讨小微型特色农业园的规划设计理论与方法,力争为长三角地区乡村的规划发展提供具有普遍指导意义的一些思路。

长三角,长江三角洲的简称,是长江入海之前的冲积平原,中国第一大经济区,区域面积 21.07 万 km^2。简单地说,长三角是指上海市、江苏省、浙江省两省一市,是中国经济发展速度最快、经济总量规模最大、最具有发展潜力的经济板块。海拔多在 10 m 以下,主要为亚热带季风气候,区域内河湖众多,水网密布,生态系统类型复杂,地表覆盖多样,天然的水环境良好,水资源丰富。

长江三角洲地区有着浓厚的文化历史沉淀,还拥有着发达的水系、丰饶的土地,使得它在中国封建社会的中后期就已初步形成了一个可观的城市群。长江三角洲城市群,简称长三角城市群,位于长江入海之前的冲积平原,是"一带一路"和长江经济带的紧要交汇地带,是中国参与国际竞争的重要平台,是经济社会发展的重要引擎,是长江经济带的引领发展区,是中国城镇化基础最好的地区之一。长三角城市群经济地域广阔,具备现代化江海港口群和机场群,同时高速公路网也很健全,铁路交通干线密度也处于全国领先地位,立体综合交通网络布局也已经基本形成,是面向全球、辐射亚太、引领全国的世界级城市群。长三角地区作为中国第一大经济区,中央政府定位为中国综合实力最强的经济中心、亚太地区重要的国际门户、全球重要的先进制造业基地、中国率先跻身世界级城市群的地区。

农村,指乡村,异于城市、城镇,是以从事农业生产生活为主的劳动人民聚集的地方。相对于城市的称谓,指农业区,有集区、村落,以农业产业(自然经济和第一产业)为主要生活经济来源,其中包括各种农场(包括畜牧业和水产养殖业)、林场、园艺和蔬菜种植区等。与人口集中的城镇相对比,农村地区人口居住较散落。在完全实现工业化社会之前,绝大多数的人口还是居住在农村。以从事农业生产生活为主的人口所居住的地区,是区别于城市的另一区域,并且具备特定的自然景观和社会经济条件,也称为农村。

农村与城市相比较所具备的特点:人口稀疏,居住点分散在农业生产生活的环境里,同时带有其特有的田园风光;以家族为单位聚居的现象较明显;工商业、文化教育事业、卫生事业的发展水平较为低下;有着较为浓厚的地方习俗,绝大多数农村地区有着本地的一些特有的风俗习惯;交通布局不完善,相对于城市的交通来说,农村的道路大多是泥泞的乡间小路。

长三角地区农业劳动生产率的提高是因为20世纪80年代小城镇工业和村办企业的蓬勃兴起,使大量村民从劳动力过于拥挤的农业转入工业。改革开放以来,相对于长三角地区城市的极速发展而言,长三角地区的农村发展则比较滞后。一方面由于侧重点的倾斜,城市作为发展的重点希望起到带头拉动作用,资源也向高速发展的城市聚集;另一方面也是高速城市化进程的必然结果。由于传统的农业结构正逐渐被新技术新形式所取代,农村的人口、交通、经济等各方面面临着巨大的挑战。传统的村落不少正在衰落,许多农村人口由于经济、基础设施等各方面原因不得不离开农村去城市谋生,农村人口逐年减少,长三角地区不少农村的学校渐渐削减规模甚至消失。乡村振兴战略势在必行。对此,根据各县市区域镇村的特点、特色、特殊因素,文化、经济差异水平,发展新的农村模式,选择相应的模式推进,由利用有限的不可修复的土地资源向集约型生态环境可修复的方向升级,使投资更为高效,让农民得到更多实惠,让村镇得到良性发展,让农村变得更美。

  村庄,是人类聚集地发展过程中的一种较为低级的形式,人们从事的主要活动以农业生产为主,又称为农村或者城乡结合地。在农区或林区内,村落位置通常是固定的;在牧区范围内,主要分布着三种形式的聚落区,包括定居聚落、季节性聚落和游牧的帐幕聚落;在渔业区内,同时还分布着以船为居室的船户村。村庄聚落中固定的居民点按照平面形态特征可以分为块状聚落、点状聚落,它受到经济、历史、地理、社会等条件的约束,历史悠久的村落多呈团聚型(块状聚落)。村庄聚落普遍意义上是指固定的居民居住点,只存在极少数是游动状态的。聚落由各式各样的构筑物、建筑物、绿地、水源地、道路、田园等要素组成。从该点出发,村庄通常是指居民生活住宅所集中的区域。传统村庄所具备的一个最大特点是人们都以土地现有资源作为生产对象,"靠天吃饭"是农村生产生活的真实写照。

农业,是利用动植物的生长发育规律,通过人工培育来获得产品的产业。农业归属于第一产业,对国民经济建设与发展起到了基础性的作用。种植业是规划土地资源并在其上进行种植生产的部门;水产业是合理规划水域空间来养殖水产的部门,又称为渔业;利用土地资源种植采伐林木的部门,是林业;畜牧业是利用土地资源栽培或者直接利用现有草地来发展畜牧的部门。而将这些产物进行小规模加工或制造的是副业,这些都是农业生产的有机组成部分。农业与其他内容结合会产生新的变体概念,比如对景观和所在地域资源进行开发并展示的是观光农业,又称休闲农业;又例如生态农业指的是,在生态上能够自我维持,低投入,有很好的经济效益,在各方面能够被人很快接受的新型农业,力求在生态学基础上建立农业,从而创建一个优美的生态环境等,这些都是新时期产生的新型农业形式。

农业园,是一种新的概念,有别于传统的农业。特色农业园是传统农业向现代农业转变的典范,是探索传统农业向高产、高效、优质的现代化农业的发展,发挥了农业与整个地区多方面的整体服务功能。其包含许多形式,比如生态农业园、现代农业示范园、农业科技园、休闲农庄、休闲农场、观光农业园、养生农庄等,将旅游、科技、生态、休闲、健康等多方面与农业共存,并且更加注重社会价值。长三角地区的农村面临许多问题,人口的老龄化严重,农村人口大量流失到城镇,农村土地种植分散,资源浪费严重,利用效率低下,生态环境恶化。

这些都对传统的农村发展模式提出了挑战。开发新型农业园,研究并推广这类新模式,有着重要作用和意义。对于长三角地区而言,城市圈很发达,交通便利,资源集中,同时这里的农村劳动力不足、土地被分割成较小的规模,农村的生活相对的缺乏吸引力。只有因地制宜地发展富含特色的小微型农业园,才能够有效地富裕农民,才能够有效地改造传统农业,才能够有效地美化农村,才能够有效地愉悦城乡居民。

农村的建设和发展有着重要的意义,农村虽有许多不足之处,但也有城市不具备的优势,我们应找准优势点,挖掘潜在的不可替代的价值,作为新型农业园的吸引点。

东方人的故土情结,不仅是对故乡的人和事的眷恋,还有对土地场所的羁绊。当年的QQ农场游戏风靡全国,"偷菜""这游戏有毒,停不下来",说明了中国文化几千年积淀下来的,人们骨子里流传着对乡土的渴望的基因代码。农业主题深有挖掘价值,农业园的研究和应用大有可为,这是人们故土情结的落脚点,更是国家乡村振兴的战略所在。

农业园的发展有助于加强农村土地的高效利用。随着农村人口向城市转移,土地利用程度不高,出现了土地质量下降和土地浪费现象。农业产业园区,发挥好土地的使用价值,这是帮助农民脱贫致富的关键;农村土地可以通过园区规划整合、统一化管理和使用土地,使之成为新的农业生产方式,使土地得到高效利用。因此,农业园的发展符合中国政府指导建设社会主义新农村的政策,符合农业经济发展的规律,对农村产业的均衡发展具有重要的意义和前景。

需要注意的是，强化农业生产资源、农村生态资源、生物资源的合理利用以及特色农业的发展。生产、生活和生态环境是农业生产的核心资源，以促进农业可持续发展为目标，发展优质农业、安全农业、生态农业，加强农业综合开发，提高农民的幸福指数。把"生产、生活、生态"理念融入农业园的规划设计，这对农业发展有重大的影响，同时保护生态环境和土地利用，也是农业园规划设计成功的关键。

社会因素方面，根据调查，经济发达地区的农场与大城市、工业区和主要基础设施密切相关，可能承受农业部门以外的压力。同时通过比较农场、农业生产与环境保护相结合的指标，评估生产系统的优势和劣势，以及提高可持续发展水平的方法。通过综合服务，如直接销售、旅游及相关活动，改善其环境条件和景观，有助于推进特色农业园的发展。

目前，农业园还是一种较新颖的农业旅游发展模式，是能够实现农业产业提升的一个较为有效的途径。它的基本资源和发展模式基本依托于农村，并且会受到农村历史文化和自然环境等因素的影响和约束。同时，农业园也是弘扬农村地域性文化的介质，对于传承和保护农村地域性文化资源起着非比寻常的作用。伴随着人类社会的持续进步，人们对于在景观文化层面上相关的要求也越来越高，将景观、文化等因素融合进对农业园的规划设计，力求提高农业园的文化品位，重点突出休闲型农业园的地区特色与文化内涵这一理念已经变得十分必要了，同时通过旅游业的推动作用，更好地促进具有地方特色的农业园的可持续性发展。

想要更好地打造特色农业园,首先应该是挖掘出当地的特色,比如文化特色、主题特色。收集整理已找到的特色,通过一定的方式将其转化为可供游客体验的产品,转化成一种可互动的多人模式,打造一种独特的游憩方式,并且能够更大程度上优化特色农业园效益,再妥善运用"互联网＋思维",将特色农业园的设计模式提升至最优化。

为实施乡村振兴战略,真正解决好"三农"问题,加快推进农业农村现代化,在乡镇总体规划、镇村布局规划的指导下,具体确定特色农业园规模、范围和界限,综合部署生产、生活服务设施、公益事业等各项建设,确定对耕地等自然资源和历史文化遗产保护、防灾减灾等的具体安排,为农业园居民提供切合当地特点,并与当地经济社会发展水平相适应的人居环境。对长三角快速城镇化地区的美丽乡村建设进行分析,理论结合实际,制定符合当地发展情况的规划方法和技术,做到理论、技术本土化,保证规划设计方案切实可行。

长三角在新时期、新阶段更应深入推进美丽乡村建设,重新审视城乡关系、人与自然的关系,丰富发展内核。这既是对已有发展成效的延续,更是秉承乡村振兴战略的要求,高质量推进"五位一体"建设,示范美丽乡村发展的时代使命。

第二章 国外乡村规划设计理念

目前,国外发达国家都很重视特色农业园及其相关概念的应用,各国的侧重点稍有不同,在不同地区衍生了不同的应用方式,总体上是比较重视和肯定的。

2.1 美国乡村规划

无论是从农业生产方式看,还是从生产力水平角度衡量,美国都处于世界最发达之行列。美国之所以能居发达国家首位,这离不开其先天的自然条件,更是离不开它的百年历史和市场竞争所形成的农业组织机构和经营机制。

乡村建设离不开农业发展作为经济支撑,而农业发展需要相关农业政策和法律来保障。美国是一个只有二百多年历史的移民国家，但是它的农业法规却十分完善。早在1862年，农业部就明确定位农业在国民经济中的地位，即"农业是制造业和商业的基础"。伴随着工业革命的开展，工业在美国经济中的比重逐渐上升，虽然工业化提高了农业现代化水平，但是总体来说农业在美国经济中的比重下降了。政府并没有重工轻农，而是采取支持和保护农业的政策，使农业成为美国在世界上最具竞争力的产业。从20世纪30年代的罗斯福新政开始，经过几十年的发展，美国农业支持和保护政策逐渐趋于完整和全面。土地资源和水资源保护、农业科技发展、农业价格、收入支持、农业信贷、农业税收和农产品对外贸易等方面均含在农业政策体系内。但农业补贴始终是农业政策核心，在促进美国农业发展、夯实美国乡村建设的经济基础等方面具有重要作用。

完善发达的交通运输网为提高农村生产生活创造条件。早在19世纪美国就开始进行一系列交通建设，修驿道、开运河、铺铁路、修公路等。完善发达的运输网使农村和外部的联系更加密切，促进了美国农业生产的专业化和区域化，也加速了小城镇的发展，为后来的农村建设奠定了交通基础。

美国农业之所以能领先于各个国家，还在于它完备的农村金融系统和农作物保险业务。农村金融系统目前已经形成了政策性金融机构、商业性金融机构、合作性金融机构三足鼎立的局面。保险业务最早只由私营保险公司负责，由于农业风险太高，最终大多以失败告终；经过几十年的改革，形成风险管理局和私营保险公司并存的局面，二者协力发挥作用，保证农业稳定生产,提高农民福利水平,使乡村建设的物质基础更加稳固。

2.2 日本乡村规划

二战后的日本遭受到沉重的打击,由于过分投资于城市建设,导致城乡差距越拉越大,农村青壮年纷纷流向城市,农村劳动人口密度小,农业生产缺乏劳动力,农村发展处于崩溃的边缘。20世纪70年代的石油危机导致世界经济萧条,日本也深受其害,当时的日本政府没有足够的财政资金支援农村建设。而以振兴农村经济为目标的"造村运动"可以在不依靠国家财政和石油等能源的条件下展开,所以日本"造村运动"具有自发性、内生性的特点。

农村青壮年纷纷流向城市的另一个原因是信息时代的到来,城市是拥有丰富信息的强磁场,吸引农村青壮年流向城市。而要想把劳动力留在农村就必须把农村建设成如城市一样拥有强烈磁场的地方。农村的磁场、农村的吸引力在于特色产业,这是"造村运动"的开端,"造村运动"在以下3个方面值得学习借鉴。

第一是"自下而上"的特点。居民是运动的主体,起到主导作用。政府只是在政策上帮扶、在技术上支持。国家不下发行政命令,不财政包办,充分发挥农民的自主性。第二,培育人才是"造村运动"的终极目标。由于主要依靠群众的自我奋斗,这对群众的能力及意愿要求极高,不仅需要高瞻远瞩的领头羊,也需要踏实团结的广大群众。所以,"造村运动"不仅是物质性的"造物",还是精神性的"造人"。第三是"一村一品"运动。在"造村运动"中,"一村一品"运动的影响最为深远、传播最为广泛,经常被其他国家及地区模仿借鉴。"一村一品"是在政府指导下,充分挖掘地方特色,开发特色产品,振兴1.5次产业的区域经济发展模式。特色产品不仅包含特色农产品,还有特色旅游、文化资产等。经过二十多年的"造村运动",日本基本消灭了城乡差距,增加了农民收入,刺激了农村消费的多元化。

2.3 法国乡村规划

　　法国被称为"欧洲的中国"。在欧盟各国中法国农业经济在国民经济中所占的比重是最高的。农业、农村的平稳、快速、可持续发展对于法国的社会稳定具有重要作用。二战之前,法国农产品主要依赖进口;二战之后,法国用二十多年的时间实现了农业现代化。法国农业的现代化得益于两个方面:一是法国工业化的发展,工农业互为动力,互相进步;二是及时采取适宜的农业发展政策和进行农村改革。农村改革的主要内容是"一体化农业"和"开展领土整治"。

"一体化农业"是通过与农场主和工商业资本家订立合同等形式,利用现代科技和科学的企业管理方式,把农业、工业、商业等综合经营起来组成风雨同舟的利益共同体。法国生物、电子、化学等产业为农业提供先进的农用设备、制种技术和原料,有利于农业机械化水平的提高和生物科技的现代化,这样就促进了农工商之间的联系,形成利益一体化机制。农业一体化是法国社会生产力高度发达的写照。

二战前,法国农业是小型农场的天下,放眼全国,还存在工业地区和农业地区、经济发达地区和不发达地区的经济发展不平衡现象。为改善上述情况,领土整治应运而生。开展领土整治的主要指导思想是通过国家对农业地区、经济落后地区强有力的政府经济干预,以实现落后、农业地区现代化工业建设的目标,改善经济发展不平衡的格局。

第一,政府设立"地区发展奖金""农村特别救济金"鼓励在农村、山区开办工厂,有意开辟一些新的工业区以此来改变经济不平衡的情况。第二,国家设立"手工业企业装备奖金",鼓励在农村和乡镇及新兴城市附近发展手工业企业,以此发挥手工业在增加收入和就业机会方面的积极作用。第三,大力发展畜牧业。畜牧业是法国农业收入的主要来源,大约占比50%以上,因此要发挥畜牧业的优势作用以提高农民收入,改变不平衡局面。

2.4　英国乡村规划

二战后,英国调整经济发展战略,保护国内农业生产,建立自给自足的农业经济,力争摆脱对国外粮食严重依赖的状况。1947年颁布了二战后第一个农业法,确立了农业补贴政策,试图解决国内农产品供应不足的局面。这一时期的农村规划重点在于对农业耕地的保护。1957年为解决农产品结构性失衡问题,维持农产品价格的稳定又颁布了新的农业法。该法要求政府出资整理、开发农地,修复农场建筑物。

20世纪60年代,政府的农业工作方向在于农业规模的大小和农产品市场化,这些都出现在政府白皮书中,政府出资鼓励合并小型农场,扩大农产品市场。随着英国经济的发展,大城市出现城市拥堵和蔓延现象,城市居民开始向往乡村生活,出现"逆城市化"现象,城市居民涌入农村使农村环境、承载力面临极大压力。为了缓和居民日益增加的休闲娱乐活动和保护乡村环境的矛盾,20世纪70年代英国开始注意保护自然环境,之后陆续颁布保护濒临灭绝野生动物的法令。

进入21世纪后,英国加强对土地、水、空气等问题的管理,加大涉农资金投入。英国帮扶农业和农村的政策重点从重视粮食供给问题转移到生态保护,在发展农村经济的同时也保护了农村原有的自然风光和生态环境,推动了乡村的良好发展。

2.5 德国乡村规划

德国最吸引人的不是慕尼黑这样的大城市,而是安静古朴的田园风光和风景独好的广大乡村地区。德国在二战后实施的促进乡村发展和转型升级的政策和规划值得学习和参考。20世纪70年代,德国开始实行"我们的乡村应该更加美丽"的计划。计划主要包括3个方面。第一,提高农产品质量和种类。第二,开发农业房地产和乡村旅游。第三,初步实现传统乡村和农业向现代化和生态化的转变,德国政府还颁布了《土地整治法》,积极采纳当地居民的意见,对村镇进行详细规划,划定自然保护区,避免乡村自然风光遭到破坏,有效改善了农民生活和农村生态环境。

农业在德国的地位非常高。农业的基本功能是提供粮食,但是在德国农业还有很多重要的战略功能,例如保护自然资源,尤其是保护物种多样性、地下水、气候和土壤;提供良好的生产、生活和休憩场所;为工商业和能源部门提供原材料和能源。正因为农业和农村的重要地位,德国各级政府实行许多经济、法律措施来保护和发展农业、农村。一是多方位的帮扶政策和财税补贴,如成立专门的政策性银行——德国农业养老金银行,为农业企业提供融资渠道。如果企业因为扩大规模、降低成本或者引进环保设备而进行投资,政府要给予补助和贴息贷款。二是全面而广泛的税收优惠,如涉农企业免交营业税、机动车辆税。虽然农业税收在全国税收中所占的百分比不高,但是农业投资占国家预算的百分比却高于农业税收在全国税收中所占的百分比,这从侧面反映了农业的重要性。

2.6　韩国新村运动

　　韩国新村运动中既有值得效仿和学习的经验,也有一些血泪教训需要吸取。随着韩国城市化和工业的发展,农村地区由于发展速度较慢,相对变得落后起来,工农业差距越来越大,贫富悬殊愈演愈烈。工业积累了一定资金,政府也有能力反哺农业缩小工农差距了,所以在1970年韩国总统朴正熙发起了一场追求更好生活的运动——新村运动。这场运动起初只是在农村进行,后来推广到全国;性质也由最初的农村管理变革发展为政治、经济、文化等各个方面的社会改革。不仅如此,这场运动每个阶段的发展目标也不一样。

　　第一阶段的目标是改善农民生产生活环境,发挥政府主导力量的同时也尊重农民的自主创造性。第一阶段的目标完成后,韩国政府也意料到了仅仅改善生产生活环境是不够的,提高农民收入和发展农业生产才是新村运动持久发展下去的动力。由此,新村运动进入以增加农民收入为目标的第二阶段,无论是第一阶段还是第二阶段,目标都停留在物质层面。在物质条件得到极大满足后,新村运动的目标转向了精神层面。引进国外先进技术、改善农村环境、提高农民收入等都是外在的、比较容易改变的;而国民思想道德素质是用金钱买不到的,也是在短期内无法实现大幅提升的,如诚实守信、公平公正、勤劳勇敢等精神。鉴于此,新村运动过渡到了精神启蒙的第三阶段。

一个事物一般都有两个方面,新村运动也有它的历史局限性,其中的经验和教训值得研究和借鉴。新村运动的执行机构是韩国拥有警察系统的强力国家机关。一般政府主导的运动很容易犯大跃进式的错误,忽视农村发展的内在规律;政府的主导作用及包办风格容易打压农民自主建设的积极性。政府对农业的过度保护,使得韩国农业自身缺乏独当一面的能力,不能独自应对来自国际的挑战与冲击。

第三章 小微特色农业园的规划设计模式

随着经济的不断发展,农业观光旅游、农业园的发展一定会更加繁荣。

3.1 国内小微特色农业园模式

3.1.1 田园农业旅游模式

将农村农田景观、农业生产生活方式和极具地方特色的农副产品打造为当地的旅游吸引物,还可以开发以农业、渔业、牧业、林果花卉为主题的不同特色形式的旅游活动,为游客提供一种便捷的可以直接体验农业的新型旅游方式,同时还能满足他们想要回归自然的心理需求。

图 3-1 田园农业景观

近几年,我国城市化发展进程仍在加快以及居民生活水平的不断提高,城市居民更想体验那种能够回归自然、放松自我的生活方式,而不再是简单的逛公园等生活方式。越来越多的居民利用节假日到郊区去体验生活,领略现代农业的风貌,同当地农民一起参与到农业劳作,也有一些垂钓等休闲娱乐方式,说明对于农业型观光和休闲的社会需求正在日益上升,所以目前我国众多农业科技园区已经由单一的生产示范功能,逐渐转变为兼有休闲和观光等多项功能的农业园区。

农业园区主要类型有田园农业型、园林观光型、农业科技型、务农体验型。如北戴河"集发农业观光园"、北京"朝来农艺园"、上海"孙桥现代农业开发区"、苏州"未来园林大世界"、珠海农科中心示范基地等,也都参考了国外休闲农场或观光农园的很多经验和设计理念。

休闲农园首先要开发独特的特色农产品,形成自己的品牌。可以通过休闲农业这个平台,吸引城市消费者前来购买,从而带动产业的发展。在这类园区,游客除了餐饮旅游,还带回土特产品。

通过参加农业生产活动,与农民同吃、同住、同劳动,让游客接触实际的农业生产、农耕文化和特殊的乡土气息,如广东高要广新农业生态园模式。

3.1.2 民俗风情体验模式

图 3-2 民俗风情展示

民俗依托型乡村旅游具有文化的原生性、参与性、质朴性及浓郁的民俗风情的特点,独具一格的民族民俗、建筑风格、饮食习惯、服饰特色、农业景观和农事活动等,都为民俗旅游提供了很大的发展空间。我国民俗旅游开发资源基础丰富,特点鲜明,区域性和民族个性较强,发展优势明显。同时由于投资少、见效快,逐渐成为少数民族聚集区经济发展中新的增长点和旅游亮点,得到当地政府的大力支持。在旅游开发过程中要实施保护性开发,通过旅游产品使其乡村文化得以传承和发扬,即文化活化。文化活化的主要途径包括文化空间化、文化景观化、文化建筑化、文化节事化、文化演艺化和文化商品化。同时为了解决"文化孤岛"的问题,可以通过鼓励居民参与,建立社区发展模式。

3.1.3 农家乐旅游模式

图 3-3 农家乐旅游

"农家乐"模式是指当地农民利用自家房屋庭院、自己生产的农副产品及周边的田园风光,以低廉的价格吸引游客前来吃、住、游、娱、购等旅游活动。主要类型有农业观光农乐、民俗文化农家乐、民居型农家乐、休闲娱乐农家乐、食宿接待农家乐、农事参与农家乐,如成都近郊郫县友爱镇农科村就是该经营模式的典型代表。该村原有农户310户,总人口650人,在农业观光旅游发展鼎盛时期,村旅游接待点共128个,年均接待游客量达50万次以上,旅游年经营收入达2 000余万元。

目前"农家乐"模式主要提供餐饮服务,在浙江绍兴市,以娱乐(如垂钓)、农家特色餐为主的休闲农庄,占调查总数的41.3%。

3.2 国外小微特色农业园模式

国外农业园的发展过程中受到其他产业等内容的交叉作用,其发展衍生的变体日益复杂,包括现代农业示范园、生态农业园、休闲农庄、休闲农场、观光农业园等,其核心概念仍然是农业园。

3.2.1 现代农业示范园

现代农业示范园是一种建立在先进科技水平之上,按照当地的资源利用状况以及当地支柱产业发展所需要的条件,根据农业产业化生产以及经营系统的参数,建设在特定的地理位置的科技先导型现代农业示范基地。

现代农业示范园也有多个形态,比如其中之一的农业专业物流园区,是物流运作模式伴随着农业生产集约化、利用基于物流活动的各个功能区,分类形成位置优化布局,在完成农业专业物流园区布局的基础上实现不同功能园区内物流关系。物流对象、物流量和物流作业线和配套服务应充分考虑在专业化农产品物流园区布局过程中用低碳理念提高经营效率,减少区域内物流作业的力度。

3.2.2 生态农业园

生态农业观光园建设以发展农业高新技术为目标,以加速土地流转,改造传统农业结构,促进生态农业和旅游业的发展为宗旨,充分利用区域内独特的地理、交通、资源环境等方面的优势,大力引进相关的农业高新技术、新品种进行集约化、设施化生产,促进地区经济发展和环境保护。

3.2.3 休闲农庄和休闲农场

随着城市化的进程和人们生活水平的提高,越来越多的城市人开始向往陶渊明描写的世外桃源生活。城乡的交融以一种新的形式表现出来,即休闲农业园。休闲农业园的建设规模,从原来个体经营的"农家乐"形式,逐步向以村或乡为单位,以股份制为基本模式,当地政府部门参与管理的规模化、产业化方向发展。

3.2.4　观光农业园

观光农业园,以农业资源作为最重要的要素,将农业科技示范、科普教育、农艺展示、旅游观光以及娱乐休闲糅合在一起的综合型园区。休闲观光农业作为产业链的延伸,将以前只具有生产功能的农业发展成为集生产、生活和生态于一体的生态农业和旅游业并存的新型产业。

比较常见的有城郊型观光农业园、农业观光温室等。它们一般距离城市的中心区不是很远,在行程上属于居民旅游比较便捷的一种地理区位。比如农业观光温室,是集观光游览、技术展示、科普教育于一体的高科技农业精品主题公园,它将园林艺术、园艺景观、栽培技术、地域文化有机地融合在一起,以现代温室为载体,按照景观规划设计和旅游规划原理,运用现代高新农业科学技术将自然景观(设施作物为主)要素、人文景观要素和景观工程要素进行合理融合和布局,使之成为具有完整景观体系和旅游功能的新型农业景观形态。

第四章 农村规划设计理论进展

4.1 传统乡村规划和管理理论

物质性规划以及人文化管理是我国传统乡村规划和管理理论的两个方面。传统村落就是物质性的规划历史文化名城中的典型代表,风水理论是其最为主要的理论支撑,当地的风俗习惯或是不成文的规定形成了村落的许多内在机制,因此风水理论是中国人内心最深处的居住模式。

从传统乡村的村庄的公共服务设施配置可以窥见村落涉及了什么样设施、到底需要什么样的配置以及实施什么样的标准,耕种文化是这些传统乡村的核心文化机制,而且生产和生活彼此牵连,因此符合农业生产需求的乡村设施占据了绝大多数。其次就是对礼仪、社交设施的诉求,同时还有适当的基础设施。上述中的一些设施已经在传统乡村中普及。

修复之风起始于民间,随后书院、祠堂、寺庙、风水林等这些成为了传统村庄的固化场所,但是在很久以前都是达官显贵们才可以修缮、建祠堂,明朝中期之后民间建祠才渐渐流行起来。修复之风进入寻常百姓家,不单单增强了这个地区传统村落的凝聚力,同时也是宗族权利对宗族伦理教化统治的一种提升。

4.2　当代乡村规划理论

乡村规划问题从不同专业、不同角度来进行分析会有不同,在建筑学中分析乡村规划问题就更偏向于功能分区和级配理论。城市规划理论为研究功能分区理论时提供了较多参考,乡村规划的时候用的是城市规划的功能分区理论,但是做乡村规划的时候,其实要借鉴城市规划中的分居住区、生产区等这样的空间规划方法,让空间布局更加合理。在计划经济下,级配理论孕育而生,是目前国家公共服务设施配置的基本理论。

4.3 新农村规划设计中复合生态系统理论

复合生态系统理论主要是经由生态辨识和系统规划,利用生态学原理及方法,并加以系统科学的手段,辨别、模拟、规划生态系统中人工复合生态系统内存在的各种生态关系,探讨能够切实完善系统生态功能,明确资源开发利用度以及保护的生态适宜度,从而推动人与环境之间可持续协调发展的可行的调控措施。

农村住区指的是,在一定区域内包含了人与自然、人与社会两种关系的共同体,因此,本质上是一种由自然生命来支持系统的继续维持,并且受人类技术和社会行为影响的一种关于"社会-经济-自然"的复合生态系统。

1984年,我国的生态学家马世骏、王如松提出该理论,是通过对城市及区域的研究,从而界定了复合生态系统的结构与功能。他提出:社会、经济、自然三者其实是一个复合性大系统的整体。这一理论不但能够丰富城市与区域规划所涵盖的内容,并且能够为实现社会、经济、环境三者可持续性发展提供一种切实可行的方法论。同时,马世骏先生认为,当农田生态系统发展成为城镇化形式过程中,农村复合生态系统是该过程的一个必然产物。该系统结构组成中,不但包含了多种生物和自然环境成分,而且同时伴随着系统的持续发展,还可能有很多不同种类的产业成分源源不断地被引入到该系统中来,这些成分所占的比例也将会越来越大。

2000年,陈佑启先生在研究农村生态系统理论层次的时候,提出了农村生态系统在一定意义上可以理解为,在农村区域内将一种特定形式的物质与能量交换相联系起来,并且能够相互制约、相互作用的一种生命与非生命的有机共同体。是一种以特有的结构与功能来区别于其他类别的生态系统。农村复合系统分为三大部分,分别为自然生态子系统、农业生态子系统以及村镇生态子系统。

复合生态系统,是一种以人为活动主体的系统,其中最活跃的积极因素是人,最强烈的破坏因素也是人。因此它是一种较为特殊的人工生态系统,并兼备复杂的社会属性和自然属性两种特性的内容:一则,人类是社会经济活动的主体部分,通过其特有的文明和智慧开发一系列活动,汲取大自然的养分并大范围开发,使其保持目前本身所具备的物质文化生活水平且仍能有大范围的上升空间;再则,人也是大自然中不可或缺的一员,人类的一切宏观意义上的活动,仍然遵循着整个生态系统运作的基本规律,并不能打破自然条件的约束与调节。这两种力量之间的基本冲突本身,恰恰是复合生态系统中一个最基本的特征。

社会是经济的上层建筑,经济基础决定上层建筑,这句话在复合生态系统中也同样适用。经济同时又是社会联系自然的媒介;而自然不单单是整个社会、经济的基础,同时也是整个复合生态系统的基础。文化子系统中包括了文化和"非使用"价值,而这两种价值也同时服务于生态系统。复合生态系统是一个十分复杂的系统。社会、经济包括自然,这些都和文化子系统之间联系且独立,制约且平衡,这种非线性关系形成的耗散结构便是如此。同时,复合生态系统是一个开放系统,可接受从外界引入的负熵,充分发挥系统内部以及系统和外部环境的协同作用,可以保证系统的稳定性和可持续发展。

农村社会、经济、环境、文化子系统的结合使得乡村特色农业园具备显著的复合生态系统特征,因此也可称为"农村社会-农村经济-农村环境-农村文化"乡村复合生态系统。其中,因为包含的元素很多,农村社会子系统相对其他三个系统较为复杂一些,因此对它描述的方法有很多,为研究方便可以简化该系统,把农村生活方式看做农村社会子系统,也响应了国家提出的推动农业生产生活方式转变的号召,为美丽乡村建设模式的研究和设计提供思路和参考。农村产业结构和模式可以当做是农村经济子系统,其中包括农业、村办企业以及商业,当然也可以分为传统意义上的农业产业和工商业这两个小系统,本文主要涉及的是农业生产子系统。农村环境子系统主要囊括乡村地域范围内可利用的能源、资源和环境基本条件,既包含物质资源,又包括自然环境要素。农村社交圈和活动圈是农村文化子系统的主要构成,这其中的组成要素包括了农民文化素养、人文精神、价值观念、风俗习惯、伦理道德、宗教信仰等。总之,乡村复合生态系统可简化为"农村生活-农业生产-农村环境-农村文化"四位一体的复合生态系统（图4-1）。这四个子系统之间是相互作用、相互影响的，其中，农村生活和农业生产子系统产生主要影响力，它们不但影响农村环境，同时也能创造农村特有的地域风情以及乡土文化。

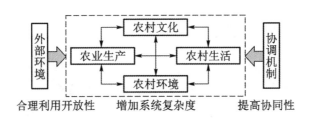

图4-1　乡村复合生态系统

农村生活模式的功能种类繁多，普遍意义上对经济、社会、环境和文化子系统都有着提高增强作用。农民作为乡村复合生态系统的领导者，农民生活方式的改变以及生活水平的提升，可以促使农民主动地接受和采纳先进生产工艺，保证农业生产质量的提高和效率的增强，同时兼备一定的经济功能；高质量的农村生活需要优良的自然环境，对优良的自然环境的追求能够促使农民对农村环境保护的重视，主动保护和改善生活环境，具有环境功能；安稳的社会环境、大量就业岗位以及完善的社会保障体系都是提高农村生活水平的基本保障，具备社会功能；富裕的生活也能够保证物质流的循环和资源的高效利用，农业生产和农村生活之间是相互依存、相互驱动的，并且还能相互消纳彼此的剩余产物，减少彼此的污染压

力。(图 4-2)

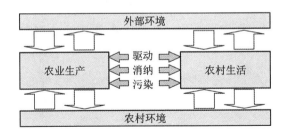

图 4-2 农业生产子系统和农村生活子系统的协同模型

(1) 驱动作用：农民生活水平和素质的提高驱动农业生产的发展，农业生产的发展也能驱动农村生活方式的优化。

(2) 消纳作用：农业生产所产生的废弃物可以通过农村生活进行消纳，例如，秸秆燃料化、农田残膜材料化等；农业生产同样可以消纳农村生活中所产生的废弃物，例如生活污水、沼液沼渣回用农田，生活垃圾堆肥后用作地力提升等。

(3) 污染作用：如果农村生产和农村生活这两者之间缺少了相互的消纳机制，或者污染物的产生超出了两者间的消纳能力，就有极大的可能造成这两者的相互污染。

在美丽乡村建设技术和模式组建时，农业和农村多功能性理论提供了较多参考，同时也对农业生产和农村生活的多功能性以及这两者的协同作用也充分发挥了作用，可以推动乡村经济、乡村社会、乡村环境和乡村文化的同步提高，力求乡村内部价值流和物质流的流通通畅且效益最大化，促使美丽乡村建设更加实质，最大化其综合效益。

4.4 基于资源可持续管理理念的海绵城市设计理论

通过水系统的自我调节,最大限度地降低水资源消耗、减少对水环境的污染物排放,最大程度地满足生活和生产的需要、适应气候的变化、服务于生态平衡,这种实现了水资源健康循环的设计方式称为海绵城市设计。

农村是天然的城市海绵体,在设计过程中处理好城乡资源分配,以小型特色农业园为载体,改善城市生态系统的微循环,实现排水系统多极化,资源调度实时化,管养常态化。以生物滞留池技术、人工湿地技术、雨水花园技术,实现水资源管理模式和公共空间利用模式的转变。

4.5 基于压力-状态-响应模型的乡村可持续发展评价理论

乡村复合生态系统是一个动态且十分具有活力的系统,系统保持着一个动态平衡且积极向上发展的这一特定状态。此外子系统之间相互协同调节,从而减少外部环境对其本身影响,调整系统内部结构和行为来适应外在压力,从而确保系统的长期稳定和可持续发展。图4-3为基于压力-状态-响应的可持续发展评价模型。

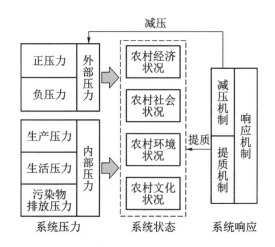

图4-3 基于压力-状态-响应的可持续发展评价模型

4.5.1 系统压力

系统承受外部压力和内部压力这两部分。外部压力对乡村复合系统演化和发展产生较大影响,因为乡村复合生态系统是从外部环境中汲取资源。如果这些外部压力为乡村复合生态系统带来有益的负熵,则为正压力,而负压力带来的正熵会导致乡村耗散度扩大、发展压力加大等问题。内部压力主要来源于各个子系统本身的预期发展目标,以及系统内部对外部资源的需求和消耗。如果预期的发展目标过高,或对外部资源和能源消耗过大,远远超出系统内部和外部的供给能

力,这会导致系统的急速衰退甚至崩溃。这两部分压力要素具体包括:

(1)外部压力:系统外部提供给农村的资源和信息,以及对农村资金流转、政策推动和市场运营造成支持效应等,这些外部正压力能够促进乡村复合生态系统的良性发展;而外部负压力包括城乡经济差距、农村劳动力的流失、农村资源转移、农村资金缺失以及外部工业对农村造成的环境污染等,这些会极大地引起乡村复合生态系统的震荡、衰退甚至崩溃。

(2)内部压力:系统内部压力主要来自农村生产、农村生活、农村环境需求以及农村污染物排放这四方面。农村生产需求压力是指,传统乡村自身对第一、二、三产业的预期发展目标和规划以及对系统外部资源的需求;农村生活需求压力主要是对生活物质的需求,包括衣、食、住、行以及农村公共基础设施等,同时农民生活的精神需求也占有了其中较大部分,涵盖农民社保、德、智、体、美、劳等方面以及农村社会管理的需求;农村环境需求压力包括环境景观建设、美化、修复需求等;农村污染物排放压力主要来自工业企业所排放的"三废"等工业污染物以及农业生产所产生的秸秆、田间污水等农业污染物,农村生活污水、生活垃圾等生活污染物等。

4.5.2 系统状况

系统状况主要包括系统以及系统内经济、社会、环境和文化各子系统的结构、性能和运行情况等。例如乡村经济的组成和输出效率、农民生活水平和健康状况、乡村环境质量和环境容量、乡村文化和运行模式等。

4.5.3 系统响应

系统响应主要描述的是包括各个子系统相应的减压和提升措施在内的乡村复合生态系统的自我调节能力,一般采取政策和管理手段。例如节约资源与高效利用、生态可持续等方面的能力和措施;生产废物、污染物量削减、系统外部自然环境自净能力和措施;显而易见的是,系统响应是在一定程度上可以对乡村复合生态系统理论中的协同机制起到修复作用,积极地应对外界压力的变化和内部功能的变化,确保系统的平稳绿色运行。

综上,评价美丽乡村建设模式时常常会用到压力-状态-响应理论。因此该评价理论可以将数据量化且实践性强。同时可以掌控乡村复合生态系统的现状、结构构成和发展目标,有效地评估美丽乡村建设模式能否适应外部环境压力和内在发展需求。可以评估内部压力以及外部压力是该理论中最有力的部分,可以依据压力状况对美丽乡村建设技术进行合理的调整和优化,并且可以对目前乡村建设模式提出有意义的针对性的修正方案。

第五章 基于海绵城市设计理念的长三角小微型特色农业园规划研究

5.1 设计原则

"海绵城市"的概念被官方文件明确提出,代表着生态雨洪管理思想和技术将从学界走向管理层面,并在实践中得到更有力的推广。但是,不难发现相关研究多围绕以 LID 技术、水敏感性城市规划与设计等为代表的西方国家先进的生态雨洪管理技术而展开,也越来越聚焦于城市内部排水系统和雨水利用、管理,并且在具体技术层面的诠释依旧未能摆脱对现有治水途径中"工程性措施"的依赖。"海绵城市""城市海绵""绿色海绵""海绵体"等这些非学术性概念之所以得到学界的广泛应用,恰恰在于其代表的生态雨洪管理思想,尽管表述有所不同,核心思想是一致的。

随着近年来城市洪涝灾害的频发,"海绵城市"及其相应的规划理念和方法得到社会各界认同,人们均在呼吁"使整个国土成为一个'绿色海绵系统',使雨水就地蓄留、就地资源化。使它与城市中的公园系统、湿地系统,形成统一的水生态基础设施自然保护系统"。

按照海绵城市复合生态系统平衡理论以及对农村居住环境自身内涵的分析,可提出下面几项规划设计优化目标:

(1) 农村居住环境社会生态子系统规划设计优化的目标是:加强对和谐社会的建设和促进文化的可持续性发展,还要考虑到要因地制宜地建设空间环境,使其具有时代特点和地域特征,更大程度上合理利用信息、物质与能源,加强精神文明的建设和推动人际交往,同时呼吁鼓励农民群众参与到设计、构建和管理环节中,顺应时代发展的需求,最后从自然、社会两方面出发,创建一种能完全将技术和自然的人类生活糅合在一起的最优居住环境。

(2) 农村居住环境经济生态子系统规划设计优化的目标是:重点遵循循环经济模式和科学的发展观,努力在尽可能小的空间里发挥尽可能多的功能,用尽可能小的生态消耗获得最大化的经济效益,将资源利用效率发挥到最大。所以,应当根据农村所在地区气候的特征,开发出能够提高乡土的材料与技术,再合理地利用以获得较高的性价比,尽量保持资源低消耗、环境轻污染并能够获得良好的经济效益,打造一个舒适、健康、环保的人居环境。

（3）农村居住环境自然生态子系统规划设计优化的目标是：着眼于生态安全和生态效益，推崇自然，追求能够将地域原生的自然环境特征与人工元素的紧密结合，充分尊重和利用农村本身的景观资源和生态资产，利用自然生态和人类生态的边缘效应原理和整体、协同、循环、自生原理，基于对当地自然环境的亲和性、适应性进行规划设计，以提高居住环境质量。

作为长三角地区的乡村小微型特色农业园的建设，其规划设计需要遵循以下原则：

（1）城乡统筹的原则。村庄建设与城镇发展相协调，优先促进长期稳定从事二、三产业的农村人口向城镇转移，合理促进城市文明向农村延伸，形成特色分明的特色农业园的空间格局，促进城乡和谐发展。

（2）因地制宜的原则。结合当地自然条件、经济社会发展水平、产业特点等，正确处理近期建设和长远发展的关系，切合实际地部署特色农业园的各项建设。

（3）保护耕地、节约用地的原则。特色农业园应切实保护耕地等自然资源，充分利用丘陵、缓坡和其他非耕地进行建设；合理布局村庄各项建设用地，集约建设。

（4）注重特色的原则。依托当地的特色农业、特色产业，挖掘当地传统产业文化，发挥其特色优势，并把这种特色融于地方农业园中去。

（5）保护当地历史文化的原则。结合当地地形地貌以及历史文化,体现当地的自然肌理和历史文脉,尊重当地的乡土风俗和生活习惯,注重并改善当地的生态环境,突出展示当地的乡村风情和传统文化。

(6)民主化、公开化的原则。充分听取当地村民意见,尊重村民意愿,积极引导村民健康生活,规划报送审批前应经村民会议或者村民代表会议讨论同意,经批准的特色农业园的规划应在显著位置予以公布。根据实际情况,开发合适的类型。

规划的原则是根据园区实际情况和发展需要提出园内功能分区,说明各功能区的布局安排、相互关联、主要示范内容及规模等情况,具体包括以下方面:

(1)因地制宜,分类指导。依据按照"就地改造保留村,稳步推进中心村,保护开发特色村,控制搬迁撤并村,帮扶发展贫困村"的思路,根据各村庄自身发展实际,围绕"十二个专项行动"开展重点,科学确定村庄的具体建设内容。充分发挥地方自主性和创造性,更经济有效地提升美丽乡村建设。规划应合理用地,节约用地,各项建设应当相对集中,根据村庄实际合理确定保护、保留、整治、新建的范围,保证村民住房质量。充分利用原有建设用地,新建、扩建工程及村民住宅建设不宜占用耕地和林地。

(2)设施完善,统筹规划。完善村庄环境卫生水平,完善村庄公共服务设施和基础设施,统一规划,集中治理。坚持集中治理与日常维护相结合,坚持设施建设与制度建设同步。

(3)生态优先、宜居和谐。规划应把可持续发展和生态优先放在主要位置,注重村庄河道综合治理、污水处理设施建设等工程。加快实施生态绿化工程,积极抓好路旁绿化、水系绿化、农田林网建设和村庄绿化,努力改善生态环境,打造宜居和谐村庄。

(4) 突出特色,传承文化。规划应根据当地经济社会发展水平和村庄实际因地制宜,注重保留村庄原始风貌,慎砍树、不填湖、少拆房,不盲目追求城市的洋气阔气,保护自然与历史文化遗产,注重对村庄的历史文化、旅游资源、经济基础等历史特色的传承与发扬。尊重村庄肌理,把乡村环境、田园风光与乡村生活结合起来,体现地方特色。

(5) 统一规划、分期实施。强化规划即法的理念,突出规划的引领和指导作用,坚持不规划不设计、不设计不施工。始终把高标准、全覆盖、可持续的建设理念融入到规划中,以规划设计提升美丽乡村建设水平。规划应与当地经济、社会发展、人居环境和村容村貌的改善有机结合,根据村庄建设的有利条件和存在的问题,确定今后建设的具体目标与内容,并分步落实,分期组织实施。

在确定以上各类规划依据、规划布局与结构以及产业结构等总体规划的框架后,就可以在此基础上为框架填充内容物,将园区整体按生产展示、景观休憩、风景观赏、管理区、综合服务区、生态保护区、防护区等各项功能分为数个功能分区,如商业接待中心、农田展示区、技术示范区、新农村建设区、购物休闲区、农事体验区等。同时要注意组织交通系统。以现有道路为基础拓宽改造,将主干道改造为普通柏油路,适当征用部分土地,修建一些小路,用鹅卵石铺路面,方便游客参观。交通布局以多级道路划分和交通节点、主次出入口为内容规划布局。一般道路至少分为三级,主干路连接全园各个主要片区及核心景点,共同构成交通系统的整体框架,在此基础上,分布次级道路连接起各分散景点,再布以汀步、木栈道、石板路等各种形式的园路,形成主次有序、循环遍布的一个整体系统。具体的宽度范围以功能和景观效果为主自行确定。

产业结构是特色农业园区的重要构成因素,具体的可分为蔬菜板块、水果板块、茶园板块、设施农业板块、花卉板块、水产板块等不同农业种植物的功能型产业板块,形成集中生产、方便管理、规模效益和宏伟农业景观的产业结构。同时可依据园区定位设置不同的产业定位和发展依据,如以高新技术产业示范带动的农业园区就可以新优特的产品为主,以规模化生产供应的园区则可以量产的品种和生产管理技术为主。

特色农业园的建设要立足当地经济发展水平、资源区位条件,紧紧围绕当地优势特色产业发展,根据园区实际情况和发展需要提出园内功能分区,说明各功能区的布局安排、相互关联、主要示范内容及规模等情况,并附园区规划总体布局图。

5.2 建设内容

规划的主要建设内容包括:基础设施建设、特色产业、技术推广应用、品牌农业、服务体系。以上内容根据各园区具体情况提出,能量化的尽量量化,明确相应的建设地点、规模和具体要求。

基础设施建设主要包括水、电、路、渠等农田基础设施,钢架大棚、喷滴灌、温湿调控设施,农业机械,养殖设施,农产品加工、储藏、批发市场,产品质量检测仪器设备配置等建设。在此基础上,开展新品种新技术引进试验示范,推广增产增效和节本增效、健康养殖、无公害生产、生态循环农业等技术,加强园内从业人员培训等。围绕园区主导产业及配套产业,突出产业联动协调发展,推行高产、高效、优质、生态、安全生产模式,发展规模化、标准化、集约化生产。加强园区招商引资,引进和培育龙头企业、专业合作社、种养大户等生产经营主体,落实相关扶持政策和优惠措施,抓好属地管理和服务。增强园区整体对外的推广宣传,引导扶持园区企业和专业合作社申请商标注册、申报"三品一标"产品等认定,举办园区产品对外营销促销等活动,构成稳定的销售市场,使主导产业、主导产品的商品化生产水平得到全面提高。建立园区管理服务工作机构和相应设施,健全农资供应配送服务、农技服务推广、动植物疫病防控、农产品的质量安全监管等体系,加强对园内经营主体的管理和服务等。

5.3 协同设计要求

5.3.1 农村住宅生活生产协同设计

乡村农房生活生产协同优化是区域经济一体化的重要组成部分，是乡村产业拓展的必然趋势。结合现代乡村生活特点、乡村服务设施特点和自然地理条件，对农宅居住、休闲、劳作和储存区域等进行空间优化配置。村庄手工业、加工业、畜禽养殖业等产业宜集中布置，以利提高生产效率、保障生产安全、便于治理污染和卫生防疫。研究当地乡村生活和生产的协同发展的策略，为生活生产实现一体化共生共赢提供方向。

规划是建设的龙头，规划的目的是提高村镇住宅和小区整体的合理性、节能性和可操作性，告诉农民，应该在哪里盖房、哪里修路、哪里建工厂、哪里搞农田基本建设，帮助农民有序建设。农村住宅生活生产协同结合现代乡村生活特点、乡村服务设施特点和自然地理条件，对农宅居住、休闲、劳作和储存区域等进行空间优化配置，在原有农宅院落基础上，改造农房结构，使其拆旧立新，统一化设置专放农具的房屋结构，与起居农宅构建为一体，并对农宅在安全性、节能性和宜居性等方面进行提升改造，使农房满足农民日常起居、停车、生产资料存放等多种要求。

住宅生活生产协同是适应长三角地区的一个重要的规划思路,为了实现住宅生活生产协同,必须遵循以下原则:

(1) 时刻坚持以人为本的理念,能够切实地满足农民的实际需要。农村住宅建筑是农村主要的人文环境之一,其规划设计理念要充分考虑当地的经济条件,在一定程度上适度超前,推动农村经济和文化向更高层面发展,这是一项复杂的课题。乡村农房的生活和生产协同功能兼有设计时,需要征求每位用户的意见,前期必须做好农户生活和生产习惯调查。规划好居住区外部环境的整体空间布局,安排好户外活动区域与景观节点的合理位置规划,做到美化、绿化、亮化、净化于一体,因地制宜地改善人居环境,做到人与自然和谐共处。

(2) 以环境为中心,因地制宜。乡村农房外观改造设计时,需要充分考虑周边自然风格,保证整体形象的统一性原则。结合村镇实际情况,合理完善新农村的规划建设,因地制宜,依据当地居民的生活习性、风俗习惯,凸显各村镇的地方特色,并结合当地气候与地理环境特征,把住宅、公共建筑物、户外活动场所、公用设施、道路、交通设施等各项基础设施综合有序地规划布局。

(3) 节约资源,保护耕地。住宅建筑的设计要以实用为主,并且遵循保护耕地、节约耕地的要求,采取多元化类型,系列化拼接的形式,尽可能使用节能建材和采取一系列能够节能的措施

(4) 符合农村实际,适应农民习惯,做到生活生产协同。农村住宅设计首先要确保大多数农民在自身的经济条件下盖

得起、用得起，然后再考虑经济条件较优越的村镇和个体的特殊要求；并且时刻坚持以人为本的原则，同时根据环境为中心的理念，力求外观设计的新颖、美观、便于实施，规划布局合理，体现建筑节能、民族文化和现代文明；统筹农村当地特色，规划住宅建筑设计的同时也要考虑结合村镇的总体规划。农村住宅功能布局一定要做到生产功能与生活功能明晰，同时在新的技术和理念的指导下，创造出适应新农村建设的新的协同发展的模式。

农村住宅生活生产协同设计的具体思路，是基于共生理论的概念和内涵，对乡村生活和生产的共生关系做分析，就当地乡村农房生活生产现状存在的问题如何解决及如何实现一体化协同发展进行详细探讨，提出符合当地区域乡村生活生产的一系列优化措施。

首先，依据镇村布局规划，明确村域内各村庄（居民点）的规划建设用地和其他建设用地范围，着眼全局，以全新的思路谋划新农村住宅建设。对本地农房的起源、发展以及存在问题，结合实际生活生产协同理念的构建进行归纳总结。现场勘查、测量数据，包括道路宽度，房屋的总面宽和总进深，房屋和道路的距离，门窗的形式和位置，屋顶的样式颜色等。详细测绘，包括详细的住宅、道路、环境的尺寸、关系、样式、现状评估等，并且将建筑高度、面阔、进深，门窗的位置、尺寸，屋面、墙面的尺寸、材料、颜色等数据录入CAD制图软件。在此基础上，才能具体操作做到生产生活协同化。比如通过更换、协调、统一外墙面色彩，重新粉刷墙，增加外贴干挂修饰墙柱、线角等,统一整体形象,展示农耕文化。对不同功能的使用空间进行了合理的分配,对生活必需的给排水、采暖、电气设备进行了系统设计。通过这些措施,提高农村住宅的硬件性能,将整洁卫生、方便舒适、安全文明的现代农村生活模式引入。

其次,布局原则上要结合现代乡村生活特点、乡村服务设施特点和自然地理条件,对农宅居住、休闲、劳作和储存区域等进行空间优化配置。村庄手工业、加工业、畜禽养殖业等产业宜集中布置,以利提高生产效率、保障生产安全、便于治理污染和卫生防疫。研究当地乡村生活和生产的协同发展的策略,为生活生产实现一体化共生共赢提供方向。

农村生活布局上:对农村住宅进行设计及优化。将建筑高度、面阔、进深,门窗的位置、尺寸,屋面、墙面的尺寸、材料、颜色等数据录入CAD制图软件。通过更换、协调、统一外墙面色彩,重新粉刷墙,增加外贴干挂修饰墙柱、线角等,统一整体形象,为生活生产实现一体化共生共赢提供基础。

农村生产布局上:以新的技术的推广以及新的理念模式的探索为主导,开展新品种、新技术引进试验示范,推广增产增效和节本增效、健康养殖、无公害生产、生态循环农业等技术,推行高产、高效、优质、生态、安全生产模式,发展规模化、标准化、集约化生产。产业的分布要因地制宜,相对集中,同时考虑与农村生活的结合。

生活生产协同化:结合现代乡村生活特点、乡村服务设施特点和自然地理条件,对农宅在安全性、节能性和宜居性上进行提升改造,使农房满足农民日常起居、停车、生产资料存放等多种要求。新增集农业观光旅游、生态旅游、休闲度假为一体的"农家乐"旅游等服务设施,并通过农耕活动、农产品采摘及烹饪等亲身体验活动,达到了提高农民收入和增进城乡居民的感情交流的目的。开展适宜长三角快速城镇化地区的乡村农房生活生产协同优化设计技术和集成应用研究。

具体的实施上需要宣传加强意识转型和发挥政府主导的作用。实现农村住宅生活生产协同化意识的转型。首要的问题是培养当地人的意识的转型。政府要加大农村生态现代化政策支持力度,着重培养农民的意识和新的生活习惯。政府应该大力支持农村住宅生活生产协同化政策的实施,稳步推进高新技术向农业、农村全面的覆盖,提高财政支持力度,为其提供可靠的物资保障。推进农村住宅生活生产协同化要有相应的制度保障。这就要求在政府领导下不断制定并完善相关法律用来规范生态经济的合理使用。无论是农村生态经济的发展还是农村生态现代化的发展,都需要通过法律的保障才能顺利进行。

农村住宅生活生产协同建设要注意以下几点:

(1) 要考虑控制基本建设成本。既要考虑生活的基本使用面积定位,也要考虑经济的承受能力,将建设规模控制在一个合理的范畴以内。

(2) 要着力提高舒适度。满足住宅良好的采光、通风,冬季日照良好,夏季保持自然通风;厨房、卫生间尽量能自然通风,排除废气,清洁环境,充分利用自然调节,减少采暖、空调、风扇等的使用;提高有效面积使用率,平面尽量方正,功能紧凑，充分发挥有效的住宅使用面积，避免交通迂回等使用面积的浪费，保证厅堂、居室的基本使用空间。同时应做好厨卫、储藏等设计工作，提高居住生活质量，在不增加建造成本的条件下缩小与城市的差距。

（3）要充分考虑院落布局，发挥特色。用院落解决部分储藏等次要功能布局，降低居室面积，节约总体建筑成本。建筑形式有当地文化特色，避免不必要的装饰，材料选择尽可能当地化，利用地方优势资源，降低建设成本。

（4）要积极利用新技术。利用目前一些成本较低、技术成熟的节能技术，如太阳能热水、小型生活污水处理和重复利用、沼气技术等，解决热水、节水、燃气等问题，有效地降低日常生活的支出，降低居住成本，提高生活的质量。

（5）要注重乡土文化以及民间风俗。要考虑农民的风俗习惯，平面功能的组织要考虑当地普遍的民俗，包括家具的摆放避免与农村传统禁忌冲突，实地了解不同地域的习惯。比方说有些地方认为门窗不可正对，在城市设计中门窗正对几乎是不可避免的，但在有些农村却被认为不吉利，那么在实际进行农村住宅设计中尽量将这些因素考虑进去，让农民能在新住宅中住得高高兴兴。

农村住宅生活生产协同建设要立足当地经济发展水平、资源区位条件，紧紧围绕当地优势特色产业发展，推行高产、高效、优质、生态、安全生产模式。开展新品种、新技术引进试验示范，推广增产增效和节本增效、健康养殖、无公害生产、生态循环农业等技术，以新的生产技术带动新农村的建设。以整体提升农民生活品质为目标,推进农村住宅生活生产协同化。同时兼顾农村特色以及村镇总体规划,总结出基于生产生活角度的新的农村住宅,引进新技术,建设符合农民切身利益的生活模式,完成综合规划整治环境、民居改造、设施配套建设等,引导农民树立健康的卫生习惯和生活生产模式。全面建设"生产发展、生活宽裕、乡风文明、村容整洁、管理民主"的新农村。

结合现代乡村生活特点、乡村服务设施特点和自然地理条件,对农宅居住、休闲、劳作和储存区域等进行空间优化配置,在原有农宅院落基础上,改造农房结构,使其拆旧立新,统一化设置专放农具的房屋结构,与起居农宅构建为一体,并对农宅在安全性、节能性和宜居性上进行提升改造,使农房满足农民日常起居、停车、生产资料存放等多种要求。新增集农业观光旅游、生态旅游、休闲度假为一体的"农家乐"旅游等服务设施,并通过农耕活动、农产品采摘及烹饪等亲身体验活动,达到了提高农民收入和增进城乡居民的感情交流的目的。开展适宜长三角快速城镇化地区的乡村农房生活生产协同优化设计技术和集成应用研究。

5.3.2　农业与景观协同设计

针对长三角地区乡村聚落空间形态特点,基于区域地理环境特征、历史人文积淀与遗存,综合考虑示范村庄体系与交通规划建设、城乡间的时空距离、交通便捷程度,在不破坏原来乡村空间肌理的前提下,提出乡村功能区布局及服务设施规划和调整的对策和建议。

乡村的绿化景观应遵循乡土化原则以及多样性原则。尊重地方文脉,结合民风民俗,展示地方文化,体现乡土气息,营造有利形成村庄特色的景观环境。绿化景观材料应自然、简朴、经济,以本地品种、乡土材料为主,与乡村环境氛围相协调。注重村庄风格的自然协调和地方特色植物等景观营造,通过植被、水体、建筑的组合搭配,呈现自然、简洁的村庄整体风貌,四季有绿、季相分明,形成层次丰厚的多样性生物景观。

要营造乡村富有特色的农业景观,必须将农业景观特色融入到农业园中,打造其特有的观光休闲模式,需要做到以下方面:以乡村聚落及其周边自然环境为背景,以农业种植、耕作等为本底,结合农业景观特征、人文历史与地域特色,提出农业景观营造与规划的对策和建议。

将融合乡村风格的特色果园、特色景观等旅游吸引物分散地设置在农民居住区中,并通过引导道路、连接河网将果园和农业景观整合起来,提出农民居住区与特色农业共同融入乡村观光休闲旅游整体之中的规划建议。

乡村空间肌理和功能区布局及服务设施的合理规划,在满足本地区乡村聚落空间形态特点的同时,需要充分考虑不能破坏原有村落文化背景、居民生活习惯、乡村特色种植和景观规划的同时,满足农业为本底,需要充分有机融合到周边自然环境并体现出本地人文历史特色。乡村居住与特色农业融合规划考虑时,需要充分利用周边河网将果园和农业景观整合起来，让农户能参与到整个乡村观光休闲旅游之中，推动了多方位多角度模式的观光休闲方式，同时整体上与乡村的生产生活及环境相融合。

宜将村口、道路两侧、宅院、建筑山墙、不布置建筑物的滨水地区以及不宜建设地段作为绿化布置的重点。保护和利用现有村庄良好的自然环境，特别要注意利用村庄外围和河道、山坡植被，提高村庄生态环境质量；保护村中的河、溪、塘等水面，发挥其防洪、排涝、生态景观等多种功能作用。村庄绿化应以乔木为主，灌木为辅，植物品种宜选用具有地方特色、多样性、经济性、易生长、抗病害、生态效应好的品种，并提倡自由式布置。

景观的规划应把握重要节点。村口景观风貌应在体现地方特色与标志性的同时自然、亲切、宜人。应能突出景观效果，可利用小品配置、植物造景、活动场地与建筑空间营造等。应尽可能保留现有的河道水系，并通过一些必要的疏通和整治手段来修复水质环境。河道坡岸应该运用自然斜坡形式，尽量随岸线自然走向，同时与绿化、建筑等相结合，形成丰富的河岸景观。滨水绿化景观以亲水型植物为主，布置方式采用自然生态的形式，营造自然式滨水植物景观。滨水驳岸的形式主要为生态驳岸，因功能需要采用硬质驳岸时，硬质驳岸不宜过长。在断面形式上宜避免直立式驳岸，可采用台阶式驳岸，并通过绿化等措施加强生态效果。道路两侧绿化主要种植乔木，灌木作为陪衬，避免城市化的绿化种植模式和模纹色块形式。村庄包括宅旁空间和活动空间的其他重点空间，应该主要种植落叶树种，以利夏有树荫、冬有阳光。村庄宅旁空间绿化景观应品种适应、尺度适宜，充分利用空闲地和不宜建设地段，做到见缝插绿。村庄活动空间的主要功能为公共服务，结合农村居民的生产、生活和民俗乡情，合理安排休息、健身活动和文化设施，形式自然、生态、简洁。

　　保留村庄各类空间内长势较好的现有树种，对林地植物进行保护。在原有植物风貌的基础上，以果树及农作物种植为主，增补乡土树种，丰富四季景观与种植层次。针对不同的空间形式，如道路、公共空间、庭院、滨水空间等选择适宜树种及栽植模式营造村庄绿化景观。公共活动空间是村庄内部最具活力的绿化景观节点，是对外展示村庄形象的重要窗口。其绿化搭配应注重季相的变化，打造四季景观。同时，树种的选择应符合村民的实际使用需求和村庄的乡土风情，避免过于城市化的绿化形式，也不应选择带刺、有毒等具有安全隐患的植物。在公共活动场地，根据活动人群的行为特征，以乔木和花灌木为主，乔木主要起到围合空间的作用，花灌木主要用于界定场地。上层应以落叶乔木为主，底层可种植灌木，用以区分场地空间，应多采用常绿类植物。村口对外展示村庄形象，绿化景观层次应丰富多样，整体绿化配置形式可参照公共空间的绿化形式。此外，村口绿化应重点突出村口标识物的主体地位，村口标识物前方一般种植花灌木，后方种植乔木作为其背景。而对于较为私密的庭院，应利用庭院现有绿化现状，增补果树如枣树、柿树、枇杷、石榴等，同时通过与硬质景观的结合形成葡萄架、有机果菜园等农村特色庭院空间。

5.3.3 可持续乡村水系整治协同技术

根据乡村水系整治的需求,通过河道清淤、沟通疏浚、边坡整治方案,解决区域内部分河道阻断、水系不通的问题和路面径流污染中心河水体的问题。开展适宜长三角快速城镇化地区的满足景观需求的乡村水系整治技术和集成应用研究。

结合观光休闲型乡村规划目标和建设需求,污水收集处理系统满足村落住户污水排放的要求,兼顾周边农业观光园、休闲观光人群污水及农家乐废水收集处理需求,确定适宜的污水处理量。结合观光休闲型乡村景观建设及环境保护要求,选用与乡村景观相适应的污水生态处理技术,在治理污染的同时,与周边农业农村乡土景观特色融合,产生一定的景观生态效应。通过现场调查和查勘,在确定污水收集管网设施方案基础上,尽量利用自然地形设计布置污水处理设施。污水处理设施建设方案要兼顾环境保护和景观效应,充分保护和利用现有周边乡土特色。在设计、建设污水生态处理设施基础上,通过现场运行,结合实际水质水量特征调整运行参数,优化污水处理设施及周边的生态景观建设方案,实现环保、生态、景观、节能的有机统一。

农村生活污水处理工艺技术路线应充分考虑农村地区经济生活特点和技术水平,并结合当地气候条件和环境状况进行选择。农村生活污水与城市污水有着根本性的区别:农村生活污水主要来源于清洗、沐浴等污水,有机污染物浓度较低,较城市污水更易于净化处理;不过,农村管网收集系统不太完善,且农村居民居住比较分散,居民的受教育程度也比较低,所以应该因地制宜地选择处理技术,选用的处理技术与方法应该尽可能设备简单,便于管理,且低消耗,低成本和低维护费用。

推荐选用生物过滤与人工湿地相结合的技术处理农村生活污水。生物过滤所需要的设备简单,消耗低,且低成本和低维护费用的同时处理污水的效率高,符合农村生活污水处理的管理、运行的技术要求。人工湿地处理系统利用介质截留、吸附以及植物吸收、微生物作用可继续消解有机污染物和氮、磷。通过污水收集管网,将农村污水及农家乐废水收集后,通过格栅拦截漂浮物,然后通过调节池,均化稳定进水水质。在生物过滤区设置具有较高比表面积的生物填料,将污水中的悬浮物进行拦截,并通过填料附着微生物对污水中的有机物等进行降解转化。厌氧生物过滤段对污水中的少量油脂及难以降解的大分子有机物进行水解,降低有机物浓度并提高可生化性,兼氧生物过滤段进一步降低有机物等污染物,削减进入人工湿地的污染负荷。在后续的多功能复合人工湿地中,通过结构组成和功能分区调整优化实现好氧、缺氧功能交替,并结合湿地植物吸收和根系周围微生物作用提高脱氮效果,结合人工湿地填料截留、植物吸收和低廉功能材料在局部区域设置,提高磷的去除效果。人工湿地填料及植物根系附着微生物可以对有机物进行进一步的截留和微生物降解。在人工湿地之后利用现有农业生态排水渠,在局部区域设置部分填料和水生植物，进一步对人工湿地出水水质进行提升。

生物过滤与人工湿地相结合的技术投资低、便于管理且运行成本和能耗都较低，是一种新型先进的用于处理农村生活污水的技术，更符合农村地区的实际情况，考虑了资源化处理的方向，有利于在农村推广。

根据特色农业园的建设需求，建设适合当地的污水收集系统，污水收集系统在管线沿途做到雨污分流，雨水就近排入乡村生态沟渠或者渗入地下。住户接口兼顾一定的雨水汇入，雨季保证污水收集系统的流速，减轻管道的堵塞；也对村民院落初期雨水进行一定的收集，削减污染负荷。污水处理系统采用调节→生态过滤→人工湿地→出水农业回用的主体工艺，既能解决特色农业园高峰期农家乐等旅游项目产生的污废水汇入水体带来的水质水量冲击，也能保证农村污水得到生态低能耗的处理，人工湿地满足地生景观植物和水生蔬菜的生长需要，出水能满足周边农户种植菜地回用的需要，对美丽新乡村建设的污水收集与处理具有较好的应用前景。另外通过人工湿地景观水生植物或经济植物配置，在提高处理效果的同时，产生一定的景观效应。在处理设施外围设置一定的地生绿色植物或景观花卉，与外围农业生态景观协调统一。

乡村水系整治牵一发而动全身，需要和乡村道路、房屋、公建设施、景观综合考虑，才能事半功倍。同时，良好的水系会对乡村形象有极大促进作用。

治水的同时也要理水，根据乡村水体的不同形态和驳岸的不同形式,进行绿化配置。水体岸线种植垂柳、乌桕、水杉等耐水湿的植物,打造丰富多变的水旁景观。水体驳岸以自然式驳岸为主,沿岸种植适合当地的水生植物,同时,利用植被柔化建成的驳岸。边坡整治以绿色生态技术为主,在两侧道路边缘,建设具有生态修复功能的生物滞留池,避免硬质护坡。在生物滞留池的边缘处安装塑木栏杆之类的,在中心河两侧铺加草坪植被,选择适合当地的植物进行护坡,同时美化环境。

通过水环境治理,提升乡村人居环境。清除原有自然驳岸边的杂草和水面枯死植物,保留原有的大乔木,适当补植湿生乔灌木,以及水生植物。将原有田埂路进行景观提升,在恰当的位置铺设木栈道,利用中国古典园林中的借景手法,近借河塘之景,重要节点设置亲水平台,提供休闲垂钓的场所。一般不需要将驳岸硬质化处理,而采用自然式驳岸做法,用生态手法固土护坡,更能体现乡村的自然野趣。

5.3.4 乡村的水系整治与景观绿化协同设计

通过对乡村的绿化树种的调查,确定绿化景观营造中可运用的各类植被种类;结合乡村各类空间的整治提升,利用乡土植被进行绿化景观营造。结合各个特色景观节点的现状地形地貌和滨水条件,因地制宜,运用园林造景手法,打造空间变化丰富的特色景观节点。通过归纳区域内的建筑风貌特征,提取符合地域特征的建筑元素,运用至建筑景观营造之中;同时,结合村庄的功能布局,分区分类进行建筑景观提升。在特色景观节点营造和建筑景观营造中,通过对特色景观节点的现状建设条件和建筑质量、风貌、层数等进行实地勘察,获得特色景观节点的规划设计条件和建筑景观风貌现状特征。

绿化景观在很大程度上反映出一个村庄的自然风貌特点,也是乡村人居环境建设的标志。乡村绿化景观体系的整治要将恢复和改造现有绿地和新建绿地相结合,要将村庄外围的林地、农田林网、道路防护绿带融合沟通,利用廊道和斑块结合的方式,构建立体化、多元化、开放式的绿化景观系统,将乡村外围的自然田园风光引入村庄。目前主要的重点建设内容包括村旁绿化、宅旁绿化、滨水绿化、道路绿化、村庄公共空间绿化及居民庭院绿化等。

乡土植物是指在当地环境条件下,经过长期的自然选择和物种演替后对本地区有高度生态适应性的植物种类。乡土植物优势明显,抗逆性、适应性强,能通过自身循环形成长期稳定的生态系统,从而有效抵抗各种自然灾害,发挥生态效益。乡土植物作为生态绿化的一个重要方面,被绿化工作者所提倡。在绿化中选择乡土植物骨干树种,配植以适应当地土壤和气候条件的伴生树种、灌木和地被,形成稳定的生态环境和良好的景观效果。

推荐大力采用乡土植物,其在营造乡土自然生态绿化景观中有积极作用,主要体现在以下方面:

(1) 生态优越性:乡土植物经过长期进化后能满足各种

生态位的要求,模仿顶级群落的生态结构,组成具有合理组织结构、较强活力的植物群落,而且乡土植物种类丰富,是乡村地区生物多样性的重要组成部分。因此运用乡土植物营造景观可以形成接近自然植物群落结构,更具自然生态的属性。

(2) 安全稳定性:因为乡土植物具有稳定的、安全的群落结构,它们的扩散一般不会对当地自然生态系统构成威胁,如果大量地运用外来植物则可能会产生生物入侵现象。因为在自然生态系统中,乡土植物不仅能与当地地理环境相适应,还具有与其他物种的协调关系。

(3) 优化美化环境:乡土植物适应当地环境条件,因此以乡土植物为基础建设的绿化景观观赏性强、群落稳定,能满足景观对植物的要求,而且由一些观赏价值较高的乡土植物组建的植物景观一般具有自然植被群落的外貌,表现出乡土自然的野趣,符合现代人崇尚自然、回归自然的心理。

(4) 彰显文化底蕴:拥有浓郁本土特色的乡土植物,凝聚了当地的自然风貌,与其他地区的自然植被景观所不同的在于,更好地展现了本地区的乡土特色,乡土植物的大量运用可以直接代表富有地域特色的乡土文化,彰显当地乡村的文化底蕴。所以合理地选用乡土植物对于植物景观的建设以及乡土文化氛围的改善具有重大意义。

(5) 发挥经济效益:乡土植物引种便利,均有顽强的生命力,对于发挥持久的生态效益较为有利,在植物造景的各种小环境中均可选择到适合生长的种类,乡土植物的大范围采用对保护生物多样性和乡村生态系统的稳定有重要的意义。

5.4 长三角农业园设计实施的资源生态系统评估方法

资源生态系统评估具有极大的复杂性和主观性。其复杂性主要表现为生态系统层次多元化,生态关系复杂化,评估尺度多样化。因此一般的评价模型难以进行多角度评估。采用 AHP 层次分析法、灰色关联度分析法和基于模糊多属性决策模型对于复杂系统的评估具有一定优势。

层次分析法(Analytic Hierarchy Process,简称 AHP)是一种进行定性和定量分析的决策方法,建立在与决策总是有关的元素分解成目标、准则、方案等层次的基础之上。于 20 世纪 70 年代初,由美国的运筹学家匹茨堡大学教授萨蒂提出的一种层次权重决策分析方法,是在为美国国防部研究"根据各个工业部门对国家福利的贡献大小而进行电力分配"课题,应用网络系统理论和多目标综合评价方法时提出的。

灰色关联度分析法是以各因素的样本数据为依据,用灰色关联度来描述因素间关系的强弱、大小和次序的多因素统计分析方法。若样本数据反映出的两因素变化的态势(方向、大小和速度等)基本一致,则它们之间的关联度较大;反之,关联度较小。此方法具有对数据要求较低,工作量较少的优点,且思路清楚,可在很大程度上降低因为信息不对称所带来的损失；其主要缺点是不易确定部分指标的最优值，且需要对各项指标的最优值进行现行确定，主观性过强。

  模糊多属性决策是运筹学和现代决策科学的一个重要研究领域，其理论和方法在经济管理、金融投资、项目评价和军事决策等诸多领域中有着广泛的应用。对于权重信息未知的模糊型多属性决策问题，分别采用基于二次规划模型和非线性规划模型的客观赋权法；对于权重信息部分确知的模糊型多属性决策问题，一方面，针对属性值为精确数且决策者对方案无偏好和有偏好的情形，分别提出了一种先进行局部优化再进行全局优化的两阶段决策方法，及基于方案贴近度和满意度的交互式决策方法；另一方面，针对属性值为模糊数且对方案无偏好和有偏好的情形，分别建立目标规划模型以获得属性权重，提出了基于理想解的相对隶属度和相似度的方案排序法，并应用于解决风险投资领域中的项目评估问题。

第六章 美丽乡村建设模式分析及设计

在对乡村小微型农业园进行规划的同时,应大力发展"美丽乡村"建设,将地方的基础设施、人文环境、区域经济等先行达到统筹兼顾协同发展的目标,建立健全美丽乡村发展模式,为乡村小微型特色农业园的规划设计打下坚实的基础。

"美丽乡村"是新农村建设的延续和发展,它在传承新农村建设"生产发展、生活宽裕、村容整洁、乡风文明、管理民主"的发展思路的同时,又赋予了其生态文明内涵。美丽乡村建设实际上就是生态文明建设在乡村地区的实践,在乡村构建起人与自然和谐、人与人和谐、人与社会和谐的文明秩序。美丽乡村的"美丽"包含了两层含义,一是村庄具有环境优美、生态良好、设施完备、规划合理的外在之美;二是指村庄具有产业发展、村民富足、社会和谐、文化繁荣的内涵之美。

6.1　国内美丽乡村建设模式分析

1）安吉模式

这个模式着眼于打造"中国美丽乡村",以建设生态文明为前提,依托优势农业产业,在农村内部大力发展以农产品加工业为主的第二产业和以休闲农业、乡村旅游为龙头的第三产业。这一模式的最大特点是以经营乡村的理念推进美丽乡村建设。它以农业特色产业为突破,以农村生态环境为基础,以增进农民幸福为宗旨,以农村文化建设为重点,以加强组织领导为核心,坚持城乡统筹发展、绿色发展和生态立县,实现了村容村貌显著改善、农村经济迅速发展、农业布局明显优化、农民生活水平快速提高、城乡收入差距大幅缩小。

2）临安模式

临安市在美丽乡村农村生态建设实践中形成了独特的模式。这一模式兼顾了农村从生产到生活、从基础设施到文化文明、从生态保护到社会管理等各方面的需求,其建设目标是通过十年的努力,逐步把临安市农村建设成生态环境优美、村风民风和谐、产业模式多样、社会保障健全、乡土文化深厚、农民生活安康的美好家园。

3) 湖州模式

湖州市打造了不少美丽乡村,例如安吉的"中国美丽乡村"、德清的"中国和美家园"、吴兴的"南太湖幸福社区"等。以"美丽乡村、和谐民生"为特色品牌,通过实施产业发展等八大工程,湖州美丽乡村建设形成了"以科学促进发展,以市场激活发展,以合作带动发展,以统筹保障发展,以制度持续发展"的"五位一体"的发展模式,其目标是把湖州农村建设成科学规划布局美、创业增收生活美、村容整洁环境美、乡风文明素质美、管理民主和谐美的魅力农村、幸福农村、和美农村。

4) 宁国模式

安徽省宁国市从2010年起在全省率先启动"美丽和谐乡村建设"工作,在"大生态、大循环、大和谐"的科学理念指导下,形成了经济高效、环境优美、文化开放、政治协同、社会和谐"五位一体"的新农村建设"宁国模式"。这一模式具有把握生态文明主线、坚持因地制宜原则、引导社会力量参与、创新农村社会管理和服务四个重要的实践特色。

5) 衢州模式

衢州市在美丽乡村建设特别是在村庄整治方面形成了独特的"衢州模式"——"四级联创"。在村庄整治和农房改造建设方面,衢州以改善农村基础设施为重点,以推进中心村建设为平台,以实施农村清洁工程为基础,以提高农民文明素质为根本,积极改进方式、提升品位、推进后续管理和强化动力支持。

6.2　美丽乡村建设模式的设计思路

　　我国农村的各方面情况都相对比较复杂,不同地域之间都千差万别,各地区发展水平也不尽相同,这就意味着在有理论规划引导指导的情况下,必须遵循农村发展的差异性来规划实施美丽乡村的建设。美丽乡村要采取的建设模式势必要遵循农村发展的潜在规律,要具备预定的方向、清楚的思绪和科学的手段。

　　美丽乡村建设的基本思路:因地制宜地推进美丽乡村建设模式的设计规划工作,要结合当地的资源构成和经济实力等实际情况,来规划实施美丽乡村建设的方案计划、后期监测评价。首先,美丽乡村建设的组织构造不能脱离外界的环境和社会,要符合外部环境和社会支持能力,比如说,在周围没有产业链支持的远离城市的地方,盲目开展休闲观光农业和农畜产品加工业等;其次,重点技术环节的采用要遵循农村的资源条件和产业习惯,以及当地农民的生活习惯和当地风俗习惯,谨记不能完全照搬他人已有的形式和经验,避免"千村一面"现象的出现,比如说,所有的农村都办企业、所有的农户都上沼气、一股脑搞"徽派建筑"等;最后,要量力而行,按照农村目前的经济条件和管理水平进行后期的运行管理,比如说,盲目建设巨额成本的乡村美化工程和污染防治工程,但是因没钱运行、无人管理而造成严重的浪费。

乡村本来就是个复合生态系统,如果只考虑某个生态位、某个子系统,结果必然导致系统失衡。因此必须在时间尺度和空间尺度上针对整个乡村复合生态系统的要素和行为进行综合规划,先要设计一个完整的系统构建,然后再以物质流的概念丰富、理顺内部结构,每个工程、工艺和技术都是整体系统的一部分,而且要衔接得当、紧凑。同时要"硬件"建设和"软件"建设并重,美丽乡村既包括村容村貌整洁之美、基础设施完备之美、公共服务便利之美、生产发展生活宽裕之美,也包括管理创新之美。美丽乡村建设不仅仅是基础设施改造,更重要的是创建一个和谐的乡村自主经营、自主管理和自主发展的运行机制。

6.3　美丽乡村建设模式设计方法

目前,我国大部分农村基本依靠经验主义开展美丽乡村建设,基本停留在"头疼医头、脚疼医脚"和"涂脂抹粉"层面,重建设轻规划,重表象缺内涵,建设内容离散度高,缺乏系统性,无法进行建设模式的归纳和总结。各项工程的实际运行效能低下且无法相互配合,乡村内部物质流不通畅,无法可持续发展。在上述美丽乡村建设基础理论支持下,试图从建设内容着手,是为了体现农民为主体,明确美丽乡村建设需要的规划设计、技术选择、优化组装和综合评估等方面要求和目标。建立一条严格的技术路线(图 6-1),为我国美丽乡村建设明确目标和方向。

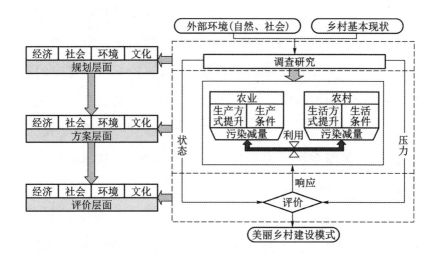

图 6-1 美丽乡村建设模式

6.3.1 规划层面:建设模式的总体规划和布局设计

(1) 基本情况调研。包括乡村周边环境调研、乡村基本情况调研和农民愿景调研 3 部分。

(2) 明确美丽乡村建设目标和方向。依照调研结果,以农民愿景为主体,充分考虑当地社会和经济可能提供的条件和发展阶段,遵循地方社会、经济和环境发展总体规划,提出建设美丽乡村的具体目标,明确美丽乡村可持续发展方向。

(3) 美丽乡村复合生态系统设计。依照乡村基本情况调研结果,初步划分乡村经济、社会、环境和文化子系统,根据当地乡村主导产业、农民从业和生活习惯、公共基础设施、管理模式和风俗,初步确定每个子系统的结构框架和布局;依据周边环境调研结果,对子系统框架和布局进行修正,具体包括:提升和周边自然环境和资源的协调性,规避周边产业压力和环境风险,充分有效利用外界可能提供的市场、资金和政策支持等。

6.3.2 方案层面:子系统的结构设计和关键技术选择

美丽乡村建设模式的设计,关键在于每个子系统的建设内容要选择得当,结构要合理,功能要突出并能相互衔接,目的是让整个乡村建设内容形成一个高效的有机整体。应该基于农业生产和农村生活多功能性理论,进行关键技术、工艺和设施的选择及组织,构建以农业为主打产业的美丽乡村建设系统设计方法。

6.3.3 评价层面:模式的效能评估与修正

基于压力-状态-响应模型的可持续发展评价理论,建立评价指标体系。针对规划设计的美丽乡村建设模式,综合分析外界环境提供的正压力、负压力的强度和影响,在压力驱动下美丽乡村可能存在的经济、社会、环境和文化状态,以及各种管理措施是否有效。根据评估的结果,给出应对措施,提出建设模式修正意见。

第七章 长三角乡村小微型特色农业园规划相关技术导则

7.1 农村住宅生活生产协同设计技术指南

7.1.1 总则

1) 导则适用范围

本《导则》适用于长三角区域范围内，城镇规划建设用地范围外、镇村布局规划定点的村庄规划；城镇规划建设用地范围内的村庄参照《城市居住区规划设计规范》（2002年版）的有关要求进行规划。

2) 基本任务

为实施乡村振兴战略,真正解决好"三农"问题,加快推进农业农村现代化,在乡镇总体规划、镇村布局规划的指导下,具体确定村庄规模、范围和界限,综合部署生产、生活服务设施、公益事业等各项建设,确定对耕地等自然资源和历史文化遗产保护、防灾减灾等的具体安排,为村庄居民提供切合当地特点,并与当地经济社会发展水平相适应的人居环境。

县级村镇规划主管部门可结合村庄居民建房和预控用地等不同需求,对以上要求进行简化,确定编制村庄平面布局规划,并按照《江苏省村庄平面布局规划编制技术要点(试行)》执行。

3) 规划依据

(1) 乡镇总体规划、镇村布局规划;
(2) 乡镇土地利用总体规划;
(3) 乡镇经济社会发展规划;
(4) 有关法律、法规、政策、技术规范与标准等。

4) 规划原则

(1) 城乡统筹的原则

村庄建设与城镇发展相协调,优先促进长期稳定从事二、三产业的农村人口向城镇转移,合理促进城市文明向农村延伸,形成特色分明的城镇与乡村的空间格局,促进城乡和谐发展。

(2) 因地制宜的原则

结合当地自然条件、经济社会发展水平、产业特点等,正确处理近期建设和长远发展的关系,切合实际地部署村庄各项建设。

(3) 保护耕地、节约用地的原则

村庄应切实保护耕地等自然资源,充分利用丘陵、缓坡和其他非耕地进行建设;合理布局村庄各项建设用地,集约建设。

(4) 注重特色的原则

依托当地的特色农业、特色产业,挖掘当地传统产业文化,发挥其特色优势,并把这种特色融于地方农业园中去。

(5) 保护当地历史文化的原则

结合当地地形地貌以及历史文化,体现当地的自然肌理和历史文脉,尊重当地的乡土风俗和生活习惯,注重并改善当地的生态环境,突出展示当地的乡村风情和传统文化。

(6) 民主化、公开化的原则

充分听取当地村民意见,尊重村民意愿,积极引导村民健康生活,规划报送审批前应经村民会议或者村民代表会议讨论同意,经批准的特色农业园的规划应在显著位置予以公布。

5) 农村住宅生活生产协同的规划要求

规划是建设的龙头,规划的目的是提高村镇住宅和小区整体的合理性、节能性和可操作性,告诉农民,应该在哪里盖房、哪里修路、哪里建工厂、哪里搞农田基本建设,帮助农民有序建设。农村住宅生活生产协同结合现代乡村生活特点、乡村服务设施特点和自然地理条件,对农宅居住、休闲、劳作和储存区域等进行空间优化配置,在原有农宅院落基础上,改造农房结构,使其拆旧立新,统一化设置专放农具、房屋结构,与起居农宅构建为一体,并对农宅在安全性、节能性和宜居性等方面进行提升改造,使农房满足农民日常起居、停车、生产资料存放等多种要求。

(1) 坚持以人为本理念,满足农民的实际需要

新农村建设是一项系统工程,乡与乡之间有不同,村与村之间有差别,这种差异不仅体现在经济上,更体现在文化上。农村住宅建筑是农村主要的人文环境之一,如何使之与当地的经济文化条件相符合,并能够适度超前,引领农村经济、文化向更高层次发展是一项复杂的课题。乡村农房的生活和生产协同功能兼有设计时,需要征求每位用户的意见,前期必须做好农户生活和生产习惯调查。做好居住区外部环境的整体空间布局,处理好户外交往空间与景观节点的关系,做到美化、绿化、亮化、净化,与自然和谐共处,改善人居环境。

(2) 以环境为中心,因地制宜

乡村农房外观改造设计时,需要充分考虑周边自然风格,保证整体形象的统一性原则。新农村建设的规划要从实际出发,根据当地居民的生活性质、风俗习惯,因地制宜,体现各村镇特点和地方特色,结合当地气候与地理环境特征,把住宅、公共建筑、绿化与户外活动场所、道路、交通设施、公用设施、

生产加工等各项实体在空间上综合有序地布局。

（3）节约资源，保护耕地

住宅建筑设计要在保护耕地、节约耕地的前提下做到以实用为主，采取多种单元类型，系列化拼接，注意节能措施的实施和使用节能建材。

（4）符合农村实际，适应农民习惯，做到生活生产协同

农村住宅设计首先保证大多数农民能够盖得起、用得起，然后再满足经济较发达的村镇和个人的特殊需求；且应紧紧围绕以人为本、以环境为中心的理念，外观设计要新颖、美观又要便于实施，布局合理，体现建筑节能、民族文化、现代气息和现代文明；同时兼顾农村特色，既要搞好住宅单体建筑设计，也要兼顾村镇总体规划。农村住宅功能布局一定要做到生产功能与生活功能明晰，同时在新的技术和理念的指导下相结合，创造出适应新农村建设的新的协同发展的模式。

6）村庄规划建设用地标准

村庄人均规划建设用地指标不超过 130 m^2。整治和整治扩建村庄应努力合理降低人均建设用地水平。

7.1.2 农村住宅生活生产协同规划

首先，乡村农房生活生产协同优化是区域经济一体化的重要组成部分，是乡村产业拓展的必然趋势。其次，基于共生理论的概念和内涵，应对乡村生活和生产的共生关系做分析，

就当地乡村农房生活生产现状存在的问题如何解决及如何实现一体化协同发展进行详细探讨,提出符合当地区域乡村生活生产的一系列优化措施。

1) 农村住宅生活生产协同设计的思路

依据镇村布局规划,明确村域内各村庄(居民点)的规划建设用地和其他建设用地范围,着眼全局,以全新的思路谋划新农村住宅建设。

对本地农房的起源、发展以及存在问题,结合实际生活生产协同理念的构建,进行归纳总结。现场勘查测量的数据包括道路宽度,房屋的总面宽和总进深,房屋和道路的距离,门窗的形式和位置、屋顶的样式颜色等。详细测绘,包括详细的住宅、道路、环境的尺寸、关系、样式、现状评估等,并且将建筑高度、面阔、进深,门窗的位置、尺寸,屋面、墙面的尺寸、材料、颜色等数据录入CAD制图软件。通过更换、协调、统一外墙面色彩,重新粉刷墙,增加外贴干挂修饰墙柱、线角等,统一整体形象,展示农耕文化。对不同功能的使用空间进行合理的分配,对生活必需的给排水、采暖、电气设备进行系统设计。通过这些措施,提高农村住宅的硬件性能,将整洁卫生、方便舒适、安全文明的现代农村生活模式引入。

2) 生活生产协同设计布局

(1) 布局原则

① 结合现代乡村生活特点、乡村服务设施特点和自然地

理条件,对农宅居住、休闲、劳作和储存区域等进行空间优化配置。

② 村庄手工业、加工业、畜禽养殖业等产业宜集中布置,以利提高生产效率、保障生产安全、便于治理污染和卫生防疫。研究当地乡村生活和生产的协同发展的策略,为生活生产实现一体化共生共赢提供方向。

(2) 农村生活布局

对农村住宅进行设计及优化。将建筑高度、面阔、进深,门窗的位置、尺寸,屋面、墙面的尺寸、材料、颜色等数据录入CAD制图软件。通过更换、协调、统一外墙面色彩,重新粉刷墙,增加外贴干挂修饰墙柱、线角等,统一整体形象,为生活生产实现一体化共生共赢提供基础。

(3) 农村生产布局

以新技术的推广以及新的理念模式的探索为主导,开展新品种新技术引进试验示范,推广增产增效和节本增效、健康养殖、无公害生产、生态循环农业等技术,推行高产、高效、优质、生态、安全生产模式,发展规模化、标准化、集约化生产。产业的分布要因地制宜,相对集中,同时考虑与农村生活的结合。

(4) 生活生产协同化

结合现代乡村生活特点、乡村服务设施特点和自然地理条件,对农宅在安全性、节能性和宜居性上进行提升改造,使农房满足农民日常起居、停车、生产资料存放等多种要求。新增集农业观光旅游、生态旅游、休闲度假为一体的"农家乐"旅游等服务设施,并通过农耕活动、农产品采摘及烹饪等亲身体验活动,达到提高农民收入和增进城乡居民的感情交流。开展适宜长三角快速城镇化地区的乡村农房生活生产协同优化设计技术和集成应用研究。

3) 农村住宅生活生产协同的推进

(1) 生活生产协同化的意识转型

实现农村住宅生活生产协同化意识的转型。首要的问题是培养当地人的意识的转型。政府要加大农村生态现代化政策支持力度,还要从培养农民的意识和新的生活习惯入手。

(2) 发挥政府主导的作用

政府要加大农村住宅生活生产协同化政策支持力度,稳步推进高新技术向农业、农村全面的倾斜,切实加大对农村住宅生活生产协同化的财政支持力度,为推进农村住宅生活生产协同化提供可靠的物资保障。

(3) 推进农村住宅生活生产协同化要有相应的制度保障。

需要政府为主导不断制定并完善相关法律以规范保障生态经济。无论是农村生态经济的发展还是农村生态现代化的发展最终的保障应该是法律。

7.1.3　农村住宅生活生产协同建设

1）农村住宅的设计原则

（1）要考虑控制基本建设成本。既要考虑生活的基本使用面积定位，也要考虑经济的承受能力，将建设规模控制在一个合理的范畴以内。

（2）提高舒适度。满足住宅良好的采光、通风，冬季日照良好，夏季保持自然通风；厨房、卫生间尽量能自然通风，排除废气，清洁环境，充分利用自然调节，减少采暖、空调、风扇等的使用。提高有效面积使用率，平面尽量方正，功能紧凑，充分发挥有效的住宅使用面积，避免交通迂回等使用面积的浪费，保证厅堂、居室的基本使用空间。同时应做好厨卫、储藏等设计工作，提高居住生活质量，在不增加建造成本的条件下，缩小与城市的差距。

（3）充分考虑院落布局，发挥特色。用院落解决部分储藏等次要功能布局，降低居室面积，节约总体建筑成本。建筑形式有当地文化特色，避免不必要的装饰，材料选择尽可能当地化，利用地方优势资源，降低建设成本。

（4）利用新技术。利用目前一些成本较低、技术成熟的节能技术，如太阳能热水、小型生活污水处理和重复利用、沼气技术等，解决热水、节水、燃气等问题，有效地降低日常生活的支出，降低居住成本，提高生活的质量。

(5) 注重乡土文化以及民间风俗。要考虑农民的风俗习惯,平面功能的组织要考虑当地普遍的民俗,包括家具的摆放避免与农村传统禁忌冲突,实地了解不同地域的习惯。比方说有些地方认为门窗不可正对,在城市设计中门窗正对几乎是不可避免的,但在有些农村却被认为不吉利,那么在实际进行农村住宅设计中尽量将这些因素考虑进去,让农民能在新住宅中住得高高兴兴。

2) 农村生产的规划设计

(1) 农村生产的布置原则

立足当地经济发展水平、资源区位条件,紧紧围绕当地优势特色产业发展,推行高产、高效、优质、生态、安全生产模式。开展新品种新技术引进试验示范,推广增产增效和节本增效、健康养殖、无公害生产、生态循环农业等技术,以新的生产技术带动新农村的建设。

(2) 农村生产与生活的协同建设

以整体提升农民生活品质为目标,推进农村住宅生活生产协同化。同时兼顾农村特色以及村镇总体规划,总结出基于生产生活角度的新的农村住宅,引进新技术,建设符合农民切身利益的生活模式,完成综合规划整治环境、民居改造、设施配套建设等,引导农民树立健康的卫生习惯和生活生产模式。全面建设"生产发展、生活宽裕、乡风文明、村容整洁、管理民主"的新农村。

7.1.4　投资估算和效益分析

1）投资估算

按照每个农业园的总投入、业主投入、财政投入、部门资金、其他投入,对所有园区投入进行汇总,估算园区项目总投资、分项投资和分年度投资额。

2）资金筹措

按照"政府引导、市场运作,县级为主、省市扶持"相结合的方式和"目标统一、渠道不变、有效整合、管理有序"的要求,各级政府加大对园区的投入,整合发改、交通、国土、农业、林业、水利、电力、科技、环保等相关涉农项目资金,结合现有的投资政策和渠道,综合考虑建设主体、地方的责任和财力,提出资金筹措方案。

3）分年实施计划

按照"一次规划、分项实施、逐年建设、滚动发展"的要求,根据建设内容和资金能力,按照轻重缓急,合理提出各个项目建设分年实施方案。

4）效益分析

(1)经济效益:分析各产业的效益情况,并进行汇总。包括增产增效、节本增效,提高三产综合效益的情况。

(2) 社会效益:分析区域产业结构优化、产业升级、农业组织化发展、农业增效、农民增收、增加农民就业机会、区域内村级经济发展的直接作用和示范带动作用。

(3) 生态效益:分析推动集约化生产和提高资源利用率,对促进清洁生产、农业废弃物的资源化利用、生态循环发展和改善生态和人居环境等的作用。

5) 保障措施

根据当地实际,从规划的组织领导、部门协调、投入保障、政策支持、技术培训、项目监管、品牌推介、考核评价和宣传推广等方面进行分析。

7.2 乡村水系恢复技术导则

7.2.1 总则

1) 范围

标准规定了乡村水系沟通规划编制的基本规定、规划内容与成果要求。

本《导则》适用于长三角区域范围内,城镇规划建设用地范围外、镇村布局规划定点的村庄规划,适用于中小河道水系沟通规划的编制,其他地区可参照执行。本导则的3.3~3.6节,分别只适用于相应治理目标的中小河道单项水系沟通规划的编制。

2) 规范性引用文件

下列文件对于本文件的应用是必不可少的。
(1)《城市水系规划规范》(GB 50513—2009(2016版));
(2)《城市水系规划导则》(SL 431—2008);
(3)《乡镇总体规划、镇村布局规划》;
(4)《乡镇土地利用总体规划》;
(5)《乡镇经济社会发展规划》。

3) 术语和定义

GB 50513和SL 431界定的以及下列术语和定义适用于本文件。为了便于使用,以下重复列出了GB 50513和SL 431中的某些术语和定义。

(1) 滨水区

在空间上与水体有紧密联系的陆地的区域范围。

(2) 水系修复与河道综合治理

采取各种综合治理措施改善水系边界条件及水流流态以满足人类各项需要和改善修复生态环境的工作,包括水体修复工程、水质保护、生态、景观等治理措施。

(3) 水域控制线

水域的边界界限。

(4) 管理范围控制线

河道管理范围的边界界限。

(5) 岸线

水体与陆地交接地带的总称。有季节性涨落变化现象的水体，其岸线一般是指最高水位线与常水位线之间的范围。

(6) 生态水量

为使乡村水系达到规划的生态功能和目标所需的水资源量。

7.2.2 基本理论与技术要求

1) 基本理论

(1) 水的服务功能理论

乡村水系是乡村系统中的自然要素。首先具有一般水系的功能，如洪水、行洪、灌溉等，同时又具备乡村相关的一些特殊功能，包括以下几种：乡村的生态廊道、乡村的休闲游憩带、乡村洪水的调蓄空间、乡村的供水水源、乡村的景观界面、乡村的文化遗产廊道。

(2) 水的系统循环理论

乡村水系是区域水循环的重要环节，是一个开放的系统，要依据水的系统循环理论,指导乡村水系的整治,提高治理的科学性和合理性。在水系治理的工程规划、设计、施工、运行管理中,都要考虑水的循环特点和规律,如水量循环、污染物循环、生态系统循环,还要考虑河湖的内循环和外循环,产汇流循环及供用耗排循环等。

(3) 投入产出经济理论

乡村水系治理是一项浩大的工程,涉及堤防工程、河道疏浚、截污导流、岸线修复、人工休闲设施、交通基础、湿地构建等。投入大,周期长,涉及的部门多。在乡村水系治理的方案设计中,要遵循经济学理论,注重投入和产出关系,避免盲目地进行河湖的治理和湿地公园建设。应系统评估治理的成本和效益,提高方案的经济学可行性。

(4) 水文化社会学理论

乡村是人类居住密集区,是承载历史的重要空间。乡村水系往往承载着人类的历史和文明,挖掘水文化内涵,避免破坏水文化,是乡村水系治理中要遵循的原则。

除水文化保护外,河湖治理涉及千家万户,难免涉及利益的转移等。应按照社会学的公平理论、补偿理论、激励机制等,提出相应的治理配套政策和制度,提高治理工程的社会效益。

2) 规划原则

(1) 水系恢复及河道(段)治理应明确适宜和可达到的治理目标,并符合下列规定:

① 防洪标准,应根据上位规划和保护对象确定;

② 水质标准,应符合水质区划、功能要求,并不低于现状和流入河道的水质标准;

③ 功能定位,应符合水功能区划、流入的上一级河道规划和区域规划对该河道(段)的要求。

(2) 山区水系和平原水系应采取不同的治理方式。山区水系应以生态保护为主,结合生态清洁小流域建设统筹规划;平原区受到人类活动影响较大的水系,应采取综合治理措施,恢复其自然属性。

(3) 在满足防洪、供水、排水等水系基本功能的基础上,应充分考虑水系的生态环境保护与恢复、人文景观营造、历史遗迹保护等。

(4) 水系需要分期建设时,应在统一规划的基础上再考虑分期实施方案。

3) 范围与年限

(1) 规划范围宜为流域范围,包括规划河道(段)的起止地点、涉及的支流(沟、渠)以及流域内的防洪、排水和绿化等。

(2) 规划年限包括规划基准年和近期、远期年限,规划年限的确定宜符合下列规定:

① 选择最近期、有完整统计数据的年份为规划基准年;

② 规划年限,同本地区国民经济和社会发展水平相适应;

③ 远期规划年限,与城市总体规划远期年限相一致。

4) 技术依据

(1) 城市总体规划、乡镇规划、村镇规划等;并与防洪、水环境、水资源、供排水等规划充分协调。

(2) 有关法律法规、方针政策、部门规章、地方性法规等。

(3) 有关国家、行业和地方技术标准。

5) 技术资料

(1) 地形地貌、水文、气象等。

(2) 河道水质,点面源污染,污水收集与处理系统现状。

(3) 水系流域内水生态环境现状,生物本底调查,人工与自然湿地状况等。

(4) 河流水系。

(5) 水利工程设施,地下管线、光缆等重要基础设施。

(6) 人口与社会经济,历史文化,移民征地与拆迁。

(7) 各级地方志、水利志、统计年鉴等。

7.2.3 水系恢复技术与规划内容

1) 现状及必要性分析

(1) 应根据现场调查情况和收集的资料,分析水系范围内河道的治理现状、存在问题及成因,明确水系或河道(段)的主导功能定位。

（2）宜从防洪、水资源合理配置、水资源保护、供水排水、水环境治理、生态修复等方面提出项目建设的必要性。

（3）宜从技术、经济、管理等方面分析规划实施是否可行。

2）水文水资源分析

（1）编制乡村水系沟通与修复工程规划时，应进行设计洪水分析计算，包括不同频率的设计洪水、设计暴雨、设计洪峰流量计算及水位成果分析。

（2）编制乡村水系水质保护与生态建设规划，必要时宜进行日流量过程分析与计算，包括天然径流量和污水处理再生水流量过程推求，计算各断面设计日流量及水位。

（3）分析周边湿地、景观等用水量及来源，保障河道的生态水量需求。

3）治理与修复工程规划

（1）应明确河道（段）治理的防洪除涝标准。规划不同频率流量、河道常水位，结合生态建设空间构型确定河床断面。

（2）河道平面应保持或恢复自然形态，未经充分论证，不宜裁弯取直，不应采用挤占河道用地、改移河道位置、明河改暗沟等治理方式。

（3）宜在保持自然和现状的前提下，确定河道主流中心线的走向。

（4）应确定河道滨水区的控制范围，包括水域控制线和管理范围控制线；平原河道尚应确定其岸线。

（5）天然河道横断面宜保持原自然断面，治理河段宜保持或恢复断面的差异性。

（6）河道纵断面应满足雨水管（渠）道等接入要求，确定河底高程、纵坡。

（7）宜保持干流和支流、坑塘、湿地等周边水系的连通。

（8）河道内不宜修建挡水建筑物，其他建筑物宜少设或不设，不应修路和建房等人为行为。

（9）河道的交通设施建设应满足防汛抢险等要求。

4）水系保护规划

（1）应分析评价现状水质，调查河道点、面污染源的污染负荷、河道纳污能力以及污水收集、处理系统现状及潜在能力。

（2）应明确河道的水质治理目标，规划污水收集与处理系统、可净化水质的湿地系统和植物措施等。

（3）污水收集与处理系统包括：

① 污水收集管网、截流管线布设；

② 污水处理厂布设、规模、占地、处理级别及出水水质、退水等。

（4）湿地系统规划包括位置、总面积、水质净化用湿地面积、类型、进水、退水河渠等。

(5) 应采用曝气、种植适宜植物、构建生物浮岛等措施改善水质,实施水环境修复。

5) 生态建设规划

(1) 生态建设包括:

① 河道内生态建设:空间构型、生物栖息地、水环境修复;

② 滨水区生态建设。

(2) 空间构型包括:

① 河道横断面:宜自然多样,种植挺水、浮水、沉水等适宜植物;

② 河道纵向形态:应顺应河势,保持原有蜿蜒曲折的走向,和浅滩、深潭交替等多样性环境条件。

(3) 生物栖息地营造包括:

① 恢复浅滩、河湾和深潭,修建鱼道、鸟类及其他生物栖息地;

② 修复目标物种适宜的水深、流速、底质条件等;

③ 恢复自然水文情势,满足目标物种繁衍、生存等方面的需求。

(4) 岸坡防护应在满足河道安全的前提下,采用自然形式、种植适宜植物,或选用具有良好反滤和垫层结构的材料,不宜使用硬质不透水材料。

(5) 滨水区包括:

① 纵向:从上游至下游,建成带状绿地;

② 横向:构建陆地上同河水发生作用的植被区域;

③ 竖向:利用原地形地貌或改造地形,营造多种空间格局、景观层次;

④ 绿地植物:应优先选择本地乡土植物种群。配置应注意植物生态习性,种植形式和植物群落的多样性、合理性;

⑤ 宽度:由河道功能、所保护生物的活动范围、周边土地利用情况和规划等因素综合确定;可参考以下数值:

a. 保护植物和鸟类的多样性,可选择 12～90 m;

b. 考虑小型哺乳动物的栖息与迁徙,宜选择 60～150 m;

c. 维持河道生态系统,河岸植被不应小于 30 m;

d. 滨水区内道路、广场等铺装宜采用透气、透水的环保材料。

6) 景观建设规划

(1) 景观建设规划包括景观分区、景观节点布局、重点景观节点以及种植、照明和附属设施等。

(2) 景观分区宜依托自然地形地貌、历史遗迹、结合周边环境,土地使用规划等不同情况和特点划分。

(3) 景观节点应布置疏密错落有致,根据不同功能定位,确定规划设计方案。

(4) 种植规划应与生态建设规划相结合,应选择生态功能和观赏性较强、乡土植物为主的适宜植物,布局以自然为主;具备条件的区域,宜采用乔灌草复层结构。

(5) 不同景观分区、景观节点应规划适宜的照明和服务设施(休憩、信息、卫生、监控等)。宜采用节能措施(太阳能、风能等),选用环保材料。

7) 投资估算与效益评价

(1) 应统计河道治理工程量,包括土建工程,拆迁、占地面积及类型,水工建筑物类型及数量、主要材料与设备等的用量。各分部规划应分别计算工程量,分期实施时,应分别计算各阶段的工程量。

(2) 应依据有关定额、标准等对中小河道治理及相关项目的投资进行估算。分期实施时,应分别估算各阶段的工程总投资。

(3) 应提出切实可行的资金筹措方案。分期实施时,应分别提出各阶段的资金筹措方案。

(4) 应对中小河道治理的效益进行综合评价,包括经济效益、社会效益和生态环境效益评价。

8) 水土保持与环境影响分析

(1) 应对项目实施过程中的水土流失进行分析,并提出缓解措施。

(2) 应对项目实施过程中的环境影响进行分析,并提出缓解措施。

9) 规划实施保障措施

（1）应提出包括组织、技术、资金和管理方面的规划实施保障措施。

（2）规划实施保障措施应切实可行,具备可操作性。

7.2.4 规划成果

1) 规划报告

（1）乡村水系恢复与治理规划报告的编制应符合本导则要求;水系及河道单项治理规划报告的编制应符合相应条款的要求。

（2）应提供规划相关的附件、附表和图纸。

2) 规划图纸

（1）规划图纸应与文本对应一致,内容清楚,表达准确,标注规范。

（2）应提供水系现状图和治理规划控制范围图;重要水系或河道治理规划,宜提供平面规划图、断面规划图（纵断面和典型横断面）和专项规划成果图。

7.3 乡村小微型特色农业园规划设计技术导则

7.3.1 总则

1) 导则适用范围

本《导则》适用于长三角区域范围内,城镇规划建设用地范围外、镇村布局规划定点的村庄规划;城镇规划建设用地范围内的村庄参照《城市居住区规划设计规范》(2002年版)的有关要求进行规划。

2) 基本任务

为实施乡村振兴战略,真正解决好"三农"问题,加快推进农业农村现代化,在乡镇总体规划、镇村布局规划的指导下,具体确定特色农业园规模、范围和界限,综合部署生产、生活服务设施、公益事业等各项建设,确定对耕地等自然资源和历史文化遗产保护、防灾减灾等的具体安排,为农业园居民提供切合当地特点,并与当地经济社会发展水平相适应的人居环境。

县级村镇规划主管部门可结合村庄居民建房和预控用地

等不同需求,对以上要求进行简化,确定编制特色农业园平面布局规划,并按照《江苏省村庄平面布局规划编制技术要点(试行)》执行。

3) 规划依据

(1) 乡镇总体规划、镇村布局规划;
(2) 乡镇土地利用总体规划;
(3) 乡镇经济社会发展规划;
(4) 有关法律、法规、政策、技术规范与标准等。

4) 规划原则

(1) 城乡统筹的原则。村庄建设与城镇发展相协调,优先促进长期稳定从事二、三产业的农村人口向城镇转移,合理促进城市文明向农村延伸,形成特色分明的特色农业园的空间格局,促进城乡和谐发展。

(2) 因地制宜的原则。结合当地自然条件、经济社会发展水平、产业特点等,正确处理近期建设和长远发展的关系,切合实际地部署特色农业园的各项建设。

(3) 保护耕地、节约用地的原则。特色农业园应切实保护耕地等自然资源,充分利用丘陵、缓坡和其他非耕地进行建设;合理布局村庄各项建设用地,集约建设。

(4) 注重特色的原则。依托当地的特色农业、特色产业,挖掘当地传统产业文化,发挥其特色优势,并把这种特色融于地方农业园中去。

（5）保护当地历史文化的原则。结合当地地形地貌以及历史文化，体现当地的自然肌理和历史文脉，尊重当地的乡土风俗和生活习惯，注重并改善当地的生态环境，突出展示当地的乡村风情和传统文化。

（6）民主化、公开化的原则。充分听取当地村民意见，尊重村民意愿，积极引导村民健康生活，规划报送审批前应经村民会议或者村民代表会议讨论同意，经批准的特色农业园的规划应在显著位置予以公布。

5）特色农业园类型与规划要求

除城镇规划建设用地范围内的村庄外，根据所处区位，可将特色农业园划分为以下类型：

（1）田园农业类型

即以农村田园景观、农业生产活动和特色农产品为旅游吸引物，开发农业游、林果游、花卉游、渔业游、牧业游等不同特色的主题旅游活动，满足游客体验农业、回归自然的心理需求。

包括：以大田农业为重点，开发欣赏田园风光、观看农业生产活动、品尝和购置绿色食品、学习农业技术知识等旅游活动，以达到了解和体验农业的目的；以果林和园林为重点，开发采摘、观景、赏花、踏青、购置果品等旅游活动，让游客观看绿色景观，亲近美好自然；以现代农业科技园区为重点，开发观看园区高新农业技术和品种、温室大棚内设施农业和生态农业，使游客增长现代农业知识；通过参加农业生产活动，与农民同吃、同住、同劳动,让游客接触实际的农业生产、农耕文化和特殊的乡土气息。

（2）民俗风情类型

即以农村风土人情、民俗文化为旅游吸引物,充分突出农耕文化、乡土文化和民俗文化特色,开发农耕展示、民间技艺、时令民俗、节庆活动、民间歌舞等旅游活动,增加乡村旅游的文化内涵。

包括:利用农耕技艺、农耕用具、农耕节气、农产品加工活动等,开展农业文化旅游;利用居住民俗、服饰民俗、饮食民俗、礼仪民俗、节令民俗、游艺民俗等,开展民俗文化游;利用民俗歌舞、民间技艺、民间戏剧、民间表演等,开展乡土文化游;利用民族风俗、民族习惯、民族村落、民族歌舞、民族节日、民族宗教等,开展民族文化游。

（3）农家乐类型

即指农民利用自家庭院、自己生产的农产品及周围的田园风光、自然景点,以低廉的价格吸引游客前来吃、住、玩、游、娱、购等旅游活动。

包括:利用田园农业生产及农家生活等,吸引游客前来观光、休闲和体验;利用当地民俗文化,吸引游客前来观赏、娱乐、休闲;利用当地古村落和民居住宅,吸引游客前来观光旅游;以优美的环境、齐全的设施,舒适的服务,为游客提供吃、住、玩等旅游活动;以舒适、卫生、安全的居住环境和可口的特色食品,吸引游客前来休闲旅游;以农业生产活动和农业工艺技术,吸引游客前来休闲旅游。

(4) 村落乡镇旅游类型

即以古村镇宅院建筑和新农村格局为旅游吸引物,开发观光旅游。

包括:利用明、清两代村镇建筑发展观光旅游;利用民族特色的村寨发展观光旅游;利用古镇房屋建筑、民居、街道、店铺、古寺庙、园林等发展观光旅游;利用现代农村建筑、民居庭院、街道格局、村庄绿化、工农企业等发展观光旅游。

(5) 休闲度假类型

即指依托自然优美的乡野风景、舒适怡人的清新气候、独特的地热温泉、环保生态的绿色空间,结合周围的田园景观和民俗文化,兴建一些休闲、娱乐设施,为游客提供休憩、度假、娱乐、餐饮、健身等服务。

包括:以山水、森林、温泉为依托,以齐全、高端的设施和优质的服务,为游客提供休闲、度假旅游;以优越的自然环境、独特的田园景观、丰富的农业产品、优惠的餐饮和住宿,为游客提供休闲、观光旅游;以餐饮、住宿为主,配合周围自然景观和人文景观,为游客提供休闲旅游。

(6) 科普教育类型

即指利用农业观光园、农业科技生态园、农业产品展览馆、农业博览园或博物馆,为游客提供了解农业历史、学习农业技术、增长农业知识的旅游活动。

包括:在农业科研基地的基础上,利用科研设施作景点,以高新农业技术为教材,向农业工作者和中、小学生进农业技术教育,形成集农业生产、科技示范、科研教育为一体的新型科教农业园;利用当地农业园区的资源环境,现代农业设施、农业经营活动、农业生产过程、优质农产品等,开展农业观光、参与体验,DIY 教育活动;利用当地农业种植、畜牧、饲养、农耕文化、农业技术等,让中、小学生参与休闲农业活动,接受农业技术知识的教育;利用当地农业技术、农业生产过程、农业产品、农业文化进行展示,让游客参观。

(7) 回归自然的旅游类型

即利用农村优美的自然景观、奇异的山水、绿色森林、静荡的湖水、发展观山、赏景、登山、森林浴、滑雪、滑水等旅游活动,让游客感悟大自然、亲近大自然、回归大自然。

包括:森林公园、湿地公园、水上乐园、露宿营地、自然保护区等。

6) 特色农业园规划建设用地标准

新建特色农业园人均规划建设用地指标不超过 130 m^2。可以通过整治和整治扩建村庄来改造成为特色农业园,应努力合理降低人均建设用地水平。

7.3.2 特色农业园的规划

以行政村为单位,主要对村庄(居民点)布点及规模、产业及配套设施的空间布局、耕地等自然资源的保护等提出规划要求,范围内的各项建设活动应当在村域规划指导下进行。

1) 规划方针

根据园区实际情况和发展需要提出园内功能分区,说明各功能区的布局安排、相互关联、主要示范内容及规模等情况。

(1) 因地制宜,分类指导

依据按照"就地改造保留村,稳步推进中心村,保护开发特色村,控制搬迁撤并村、帮扶发展贫困村"的思路,根据各村庄自身发展实际,围绕"十二个专项行动"开展重点,科学确定村庄的具体建设内容。充分发挥地方自主性和创造性,更经济有效地提升美丽乡村建设。

规划应合理用地,节约用地,各项建设应当相对集中,根据村庄实际合理确定保护、保留、整治、新建的范围,保证村民住房质量。充分利用原有建设用地,新建、扩建工程及村民住宅建设不宜占用耕地和林地。

(2) 设施完善,统筹规划

完善村庄环境卫生水平,完善村庄公共服务设施和基础设施,统一规划,集中治理。坚持集中治理与日常维护相结合,坚持设施建设与制度建设同步。

(3) 生态优先、宜居和谐

规划应把可持续发展,生态优先放在主要位置,注重村庄河道综合治理、污水处理设施建设等工程。加快实施生态绿化工程,积极抓好路旁绿化、水系绿化、农田林网建设和村庄绿化,努力改善生态环境,打造宜居和谐村庄。

(4) 突出特色,传承文化

规划应根据当地经济社会发展水平和村庄实际因地制宜,注重保留村庄原始风貌,慎砍树,不填湖,少拆房,不盲目追求城市的洋气阔气,保护自然与历史文化遗产,注重对村庄的历史文化、旅游资源、经济基础等历史特色的传承与发扬。尊重村庄肌理,把乡村环境、田园风光与乡村生活结合起来,体现地方特色。

(5) 统一规划、分期实施

强化规划即法的理念,突出规划的引领和指导作用,坚持不规划不设计、不设计不施工。始终把高标准、全覆盖、可持续的建设理念融入到规划中,以规划设计提升美丽乡村建设水平。规划应与当地经济、社会发展、人居环境和村容村貌的改善有机结合,根据村庄建设的有利条件和存在的问题,确定今后建设的具体目标与内容,并分步落实,分期组织实施。

2) 产业结构

产业结构是特色农业园区的重要构成因素,可分为蔬菜板块、水果板块、茶园板块、设施农业板块、花卉板块、水产板块等不同农业种植物的功能型产业板块,形成集中生产、方便管理、规模效益和宏伟农业景观的产业结构,同时可依据园区定位设置不同的产业定位和发展依据。如以高新技术产业示范带动的农业园区的产业就可以新优特的产品为主,以规模化生产供应的园区则可以量产的品种和生产管理技术为主。

3) 规划分区

在确定以上各类规划依据、规划布局与结构以及产业结构等总体规划的框架后,就可以在此基础上为框架填充内容物,将园区整体按生产展示、景观休憩、风景观赏、管理区、综合服务区、生态保护区、防护区等各项功能分为数个功能分区。如商业接待中心、农田展示区、技术示范区、新农村建设区、购物休闲区、农事体验区等。

4) 交通及游线规划

交通布局以多级道路划分和交通节点、主次出入口为内容规划布局。一般道路分为至少三级,主干路连接全园各个主要片区及核心景点,共同构成交通系统的整体框架,在此基础上,分布次级道路连接起各分散景点,再布以汀步、木栈道、石板路等各种形式的园路,形成主次有序、循环遍布的一个整体系统。具体的宽度范围以功能和景观效果为主自行确定。

7.3.3 特色农业园的建设

1) 特色农业园的建设依据

立足当地经济发展水平、资源区位条件,紧紧围绕当地优势特色产业发展,根据园区实际情况和发展需要提出园内功能分区,说明各功能区的布局安排、相互关联、主要示范内容及规模等情况,附园区规划总体布局图。

2) 主要建设内容

(1) 基础设施建设。主要包括水、电、路、渠等农田基础设施,钢架大棚、喷滴灌、温湿调控设施,农业机械,养殖设施,农产品加工、储藏、批发市场,产品质量检测仪器设备配置等建设。

(2) 扶持产业发展。围绕园区主导产业及配套产业,突出产业联动协调发展,推行高产、高效、优质、生态、安全生产模式,发展规模化、标准化、集约化生产。

(3) 技术推广应用。开展新品种新技术引进试验示范,推广增产增效和节本增效、健康养殖、无公害生产、生态循环农业等技术,加强园内从业人员培训等。

(4) 市场主体培育。加强园区招商引资,引进和培育龙头企业、专业合作社、种养大户等生产经营主体,落实相关扶持政策和优惠措施,抓好属地管理和服务等。

(5) 品牌农业建设。加强园区整体对外宣传推介,引导扶持园区企业和专业合作社申请商标注册、申报"三品一标"产品等认定,开展园区产品对外营销促销等活动,建立形成稳定的销售市场,全面提高主导产业、主导产品的商品化生产水平。

(6) 服务体系建设。建立园区管理服务工作机构和相应设施,健全农资供应配送服务、农技服务推广、动植物疫病防控、农产品的质量安全监管等体系,加强对园内经营主体的管理和服务等。

以上内容根据各园区具体情况提出,能量化的尽量量化,明确相应的建设地点、规模和具体要求。

3) 基础设施建设

(1) 道路

以现有道路为基础拓宽改造,将主干道改造为普通柏油路,适当征用部分土地,修建一些小路,用鹅卵石铺路面,方便游客参观。

(2) 水利建设

在观光旅游区内搞好水资源的开发利用与保护,充分利用喷灌、滴灌、渗灌等节水新技术,实施农业节水工程,合理调配生活、生产和生态用水,全面节约用水,提高水的利用率。加大区域内农田水利基础设施,改善水利基础设施条件,为发展生态农业提供水利保障。

(3) 电力

邀请电力部门提出配电方案,对现有电网适度改造,以满足发展生态农业和观光旅游的需要。

(4) 其他设施

在园区内修建一些石凳子,提供给游人休息,在园区的门口免费提供园区的宣传册,并安排专人为游人提供帮助。

7.3.4 投资估算和效益分析

1) 投资估算

按照每个园区的总投入、业主投入、财政投入、部门资金、其他投入,对所有园区投入进行汇总,估算园区项目总投资、分项投资和分年度投资额。

2) 资金筹措

按照"政府引导、市场运作,县级为主、省市扶持"相结合的方式和"目标统一、渠道不变、有效整合、管理有序"的要求,各级政府加大对园区的投入,整合发改委、交通、国土、农业、林业、水利、电力、科技、环保等相关涉农项目资金,结合现有的投资政策和渠道,综合考虑建设主体、地方的责任和财力,提出资金筹措方案。

3) 分年实施计划

按照"一次规划、分项实施、逐年建设、滚动发展"的要求,根据建设内容和资金能力,按照轻重缓急,合理提出各个项目建设分年实施方案。

4) 效益分析

(1) 经济效益:分析各产业的效益情况,并进行汇总。包括增产增效、节本增效,提高三产综合效益的情况。

(2) 社会效益:分析区域产业结构优化、产业升级、农业组织化发展、农业增效、农民增收、增加农民就业机会、区域内村级经济发展的直接作用和示范带动作用。

(3) 生态效益:分析推动集约化生产和提高资源利用率、对促进清洁生产、农业废弃物的资源化利用、生态循环发展和改善生态和人居环境等的作用。

5) 保障措施

根据当地实际,从规划的组织领导、部门协调、投入保障、政策支持、技术培训、项目监管、品牌推介、考核评价和宣传推广等方面进行分析。

第八章 农业园规划设计案例：盐城市大中镇恒北村特色田园建设规划

8.1 区域概况及基础分析

8.1.1 村庄概况

大丰区大中镇恒北村是国家级生态村、全国文明村镇、全国一村一品示范村、江苏省最美乡村和省四星级乡村旅游景点。

1) 自然概况

（1）地理位置

大丰区位于江苏省中部，盐城市东南部，北纬 $32°56'\sim$

33°36′,东经 120°13′~120°56′;东临黄海,有 112 km 海岸线,南与东台市接壤,西与兴化市毗邻,北与射阳、亭湖二县(区)交界。全区总面积 2 367 km²。

大中镇地处盐城市大丰区,是大丰区委、大丰区政府所在地,系大丰区政治、经济、文化中心。大中镇位于 204 国道东侧,沿海高速公路穿境而过。全镇下辖 21 个行政村,2 个街道办事处,18 个社区管委会,总面积 171.1 km²,耕地面积 7 043 公顷。

恒北村位于大中镇镇域的东南部,东临南阳镇,西至大沈公路,南与红花村相接,北临南中心河,交通便捷。全村总面积 9 600 亩。

(2) 气候气象

恒北村属于北亚热带海洋性季风气候,四季分明,寒暑显著,日照充足,雨量充沛,适宜喜湿作物的生长。年平均气温 14.1℃,无霜期 213 天,常年降水量 1 058.4 mm,日照 2 238.9 h。常年风速为 3.5 m/s,最大瞬时风速为 34 m/s,主导风向为东南风,夏季多东南风,冬季多西北风。

(3) 地形地貌

恒北村地处黄海湿地,地形总体呈方形布置,矩形条田,沟河成网,地势平坦,地面高程在 2.0~2.6 m 之间,沟河常年水流方向由西向东,由南向北。地面承载力 60~120 kN/m²,地震基本烈度为 7 度。

(4) 生物资源概况

恒北村是远近闻名的果树种植专业村,全村果树面积占耕地面积的90%以上,达3 000多亩保护果园。境内主要种植梨树、柿子树、枇杷等果树,全系人工栽植。其他品种主要有桑、槐、柳、榆、杨、泡桐等,防护林带主要是意杨、刺槐等乔木。目前天然植被现存不多。主要动物是无脊椎动物和脊椎动物。无脊椎动物中,环节动物有蚯蚓、蚂蟥等;脊椎动物有两栖类、爬行类、鱼类、鸟类、哺乳类等,其中鱼类有20多种,鸟类有30多种。哺乳类以家畜和野兔、黄鼠狼等野生动物为主。

(5) 水文概况

在恒北村境内,河流主要形成"四横四纵"水系,水资源非常丰富。其中"四横"由北向南依次为南中心河、恒北中心河(美满河)、恒北南中心河、恒丰中心河;"四纵"由东向西依次为新跃河、斗私河、恒泰河、西子午河。沟河常年水流方向由西向东,由南向北。

2) 经济概况

(1) 经济收入概况

随着早酥梨、精品柿的种植,恒北村依托地域特点,大力发展生态农业、生态旅游,促进了恒北村的经济发展,扩展了村民的收入来源,增加了恒北村村民的经济收入。2014年,恒北村总产值13 239万元,其中出售产品收入9 268万元,净收入5 320万元;人均纯收入21 534元,位居全市前列。(图8-1)

表 8-1　恒北村 2011—2014 年经济汇总表

年份 \ 类别	总收入(万元)	净收入(万元)	人均纯收入(元)
2011	10 404	3 607	15 889
2012	11 656	4 117	17 455
2013	12 254	5 992	19 158
2014	13 239	5 319	21 534

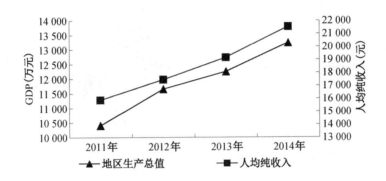

图 8-1　恒北村 2011—2014 年 GDP 增长趋势

(2) 农业概况

恒北村是果树种植专业村,是全国最大的早酥梨商品生产基地之一,其中果园面积 4 500 亩(其中有 500 亩为有机食品),苗木面积 2 300 亩,占耕地面积的 93%,是以特色果品加工为主的专业村。恒北村有着 40 多年早酥梨生产历史,生产的早酥梨获得了有机食品认证、国际欧盟食品认证、绿色食品认证。产品先后获得国家农业博览会名牌产品、国家地理标志商标、全国名特优新农产品等荣誉,产品远销东南亚等国。

恒北村不断提升生态农业水平,发展多种果树品种,借助合作社经营,不断提高农民收入。恒北村现有梨树品种20多种,还发展种植了柿子、桃子、枇杷等树种(见图8-2)。恒北村已注册恒北小方柿、恒北大米、恒北菜籽油,恒北早酥梨被评定为全国名特优新农产品,获国家地理商标标志。恒北村2007年成立了大丰区麋鹿早酥梨生产合作社(图8-3),通过合作社的辐射带动周边大桥镇、刘庄镇、新丰镇、西团镇、南阳镇、万盈镇等6个镇及东坝头农场和大中农场2个农场,拥有成员3 369个,其中团体会员17个,果树面积超3.4万亩,年产量约2.4万t。

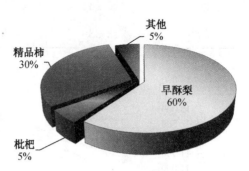

图8-2 恒北村果树品种分类图

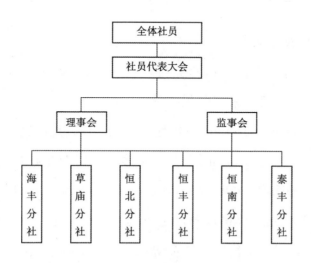

图8-3 早酥梨合作社机构组成图

表 8-2 早酥梨生产基地概况

规模	数量	面积(亩)
10 亩以上	20 户	286
5 亩以上,10 亩以下	216 户	1 352
5 亩以下	465 户	2 172
周边村	9 个	10 890
周边镇	6 个	12 160
农场	2 个	3 550
总计		30 410

2014 年实现农民人均纯收入 21 534 元,其中果品收入达 18 500 元,村集体收入 300 万元,村集体积累 3 000 万元。

(3) 工业概况

恒北村拥有恒北修配厂、大丰区亚祥铸造厂、大丰星宇机械厂、大丰区妙丝床上用品厂、大丰区烨然电脑绣花厂、龙华工艺有限责任公司,明欣织布厂、飞燕工艺有限责任公司、恒丰综合厂、大中制鞋厂等 10 余家工业企业。为配合恒北村旅游业的发展,村内不发展工业,对污染工业实行"关停并转"的改造,现除大丰区亚祥铸造厂外的所有产污工业均已外迁入大中工业园区。亚祥铸造厂现有车库、翻砂等车间,铸造零件销往上海大工厂,年产值 200 万元,现有工人 20 多人,年创利税 40 万元。

（4）第三产业概况

目前恒北村第三产业以旅游业为主，依靠旅游业带动了餐饮等服务业发展。

恒北村是国家生态村，省四星级乡村旅游景点和三星级康居乡村。

近年来，恒北村立足深厚的文化底蕴和交通区位优势，对旅游资源进行整合包装，挖掘特色文化内涵，打造"恒北恒美、梨缘天下"旅游品牌。根据恒北村的早酥梨产业特点，按照"2+1"（即"有机果品产业、生态旅游产业"+"梨园衍生产业"）的产业发展思路，提升产业发展层次，建设了梨园风光主题公园、锦绣果园、生态走廊、美满人家宾馆、恒北春秋酒店、农家乐等旅游项目，形成了集高效农业、旅游观光、休闲娱乐、生态居住为一体的城市后花园。

恒北村目前正全面打造全国最美乡村和旅游景区。围绕旅游做足文章，打造集梨园生态风光、农耕民俗文化、农家梨园民宿、养生温泉度假等生态休闲旅游精品于一体的四星级乡村旅游点。成立恒北旅游公司、旅行社并配套市场营销等相应的管理部门，招录专业人员，加强管理人员、导游、讲解员培训，提升服务管理水平。目前，已成功举办了两届"江苏·恒北梨园风光乡村游"活动，让游客来恒北村赏梨花美景、吃农家饭、住农家屋，充分体验乡村旅游的乐趣，共享恒北的生态风光。2014年4月份与上海玖玖国际旅行社开通上海—大丰旅游直通车；2014年10月14日与南京秾莅农业发展有限公司合作，开通南京—恒北旅游直通车，并开展南京青奥会老年志愿者游大丰,南京、无锡、连云港千人知青游大丰等系列活动,各大旅行社每天定点对接恒北春秋酒店,美满人家宾馆餐饮住宿,开通了大丰一日游和两日游精品线路。

恒北村采取合作经营、委托经营、租赁经营等多种经营模式,加大与大型策划运营公司、知名旅行社的合作力度。2014年与上海春秋旅行社合作开拓宾馆、酒店、农家乐合作租赁经营;整合各类旅游资源,拓展对接市场,策划旅游节庆活动,注册"恒北"系列品牌,研发旅游创意产品,2014年接待游客30万人,旅游收入突破1 000万元,旅游经济初见成效。

另恒北村现有小超市3个,小百货店12个,营业额18.5万元,个体工商户45家,注册资金200多万元,劳力转移217人,二、三产业占总劳力70%。

3) 社会概况

(1) 人口及村庄分布状况

恒北村现有11个村民小组,1 278户,3 514人,2 600个劳动力,其中女性1 822人,男性1 692人,高中(含高中)以上学历村民数810人。村庄主要呈线性分布,沿河或道路分布。

(2) 历史文化沿革

唐代时始有盐场建制,后分属海陵县、东台县、台北县,大丰区。民国初(1917年)起,清末状元、实业家张謇在这片荒地盐场大办"废灶兴垦",开始由盐转垦,自此这里成为种植基地,地貌特色保持至今。解放初期易名美满大队,取幸福美满之意,1983年更名为恒北村。

为拉长恒北早酥梨产业链,做大做强恒北特色产业,恒北恒丰两村于2013年10月合并成立恒北村党委,实现两村一体化管理。将产业调整、基础配套、公共服务逐步向恒丰村延伸,带动恒丰村共同发展。

（3）新农村建设

恒北村围绕"梨园风光、生态宜居、乡村旅游"主题,以"七个一体化"为抓手,通过农村环境综合整治活动,建立了农村环境综合整治长效管理机制,实行公路正常养护、绿化定期修剪、河塘定期清理、垃圾日产日清,老村庄和新村庄建立了微动力污水处理系统,村民生活污水得到有效处理;全村主干道全部实施了道路硬化;新型农村合作医疗和城乡居民社会养老保险参保率达到100%;建立了村便民服务中心,提供一站式的综合便民服务,做到老百姓办事不出村;2015年,联合市人社局、农村商业银行率先建立恒北村社保服务便民点,开通养老、医疗、惠农补贴、低保、水电费、电话费、有线电视费,存取汇款等一系列便民一卡通服务,真正解决为民服务最后一公里,民生福祉大大提升。

（4）村风文明建设

多年来,恒北村广泛开展了幸福家庭、道德模范、五星文明户、好婆媳、恒北文明新事等评创活动,大力倡导尊老爱幼、扶贫济弱、邻里和善等良好社会风气,积极推广健康文明科学的生活方式,拓展群众性精神文明创建的领域。

开展倡导崇尚科学、移风易俗、健康生活方式宣传教育活动,及时建设好恒北道德讲堂,定期开展各类未成年人思想道德建设主题教育活动,加强未成年人安全保护,防止未成年人意外伤害发生,成立青少年校外辅导站,及时帮助青少年在假日期间的学习辅导,促进青少年健康成长,努力构建学校、家庭、社会"三位一体"的教育网络。建立志愿服务组织,设立志愿服务站点,开展学雷锋志愿服务活动,组建"梨园情"志愿者分队,不断充实志愿者队伍,围绕服务村民、爱绿护绿、保护环境等开展特色志愿活动,开展关爱孤寡残疾、留守流动儿童、空巢老人、保护生态环境等各类志愿服务活动,让群众享受更多服务,充分增强群众的幸福感和自豪感。

(5) 社会保障建设

在村部设立了便民服务大厅,实现"四不出村",即参保登记不出村、保费缴纳不出村、待遇领取不出村、权益查询不出村。村城乡居民养老保险、新型农村合作医疗参保率都达到100%。60岁以上的老人每月还拿到80元钱的基础养老金,80岁以上老人拿到尊老金,村里对60岁以上老人给予生活补贴,给全体村民减免合作医疗,给新入学大学生给予奖学金,给予残疾人等弱势群体帮扶资金。村里设立了警务室、监控室、调解室,建立了"大联防、大技防、大调解"体制,配备群众基础好、经验丰富的调解主任,为村民提供法律咨询、法律援助和矛盾调解工作,把矛盾解决在萌芽状态,做到小事不出组,大事不出村。村连续十二年未发生重大刑事案件,无信访稳定事件。村组织了专门人员,落实了专门资金,成立了"居家养老服务中心""残疾人康复中心",建立留守儿童、空巢老人活动场所,组织留守儿童和老人开展读书、绘画、篮球、乒乓球、广场舞等文体比赛活动,并建立了对残疾、智障、五保等弱势群体的节日慰问制度,大大提升了村民的幸福指数。

(6) 文体活动

恒北村先后投入 30 万元,维修增补了村文化广场、文化墙、宣传栏、农家书屋等活动场所及设施。群众的文体生活丰富多彩,恒北村已连续 27 年举办"风筝节"活动,组建村文体骨干队伍 6 支,每逢春节、清明、端午、中秋、重阳等传统节日期间,无偿为村民表演欢庆锣鼓、舞蹈等节目,既丰富了群众业余文化生活,又有效地推进了新农村乡风文明建设。

8.1.2 基础设施现状

恒北村基础设施包括环保基础设施、公共基础设施等基本情况。

1) 环保基础设施

(1) 污水处理设施

恒北村拥有新村和旧村 2 座微动力污水处理设施,有效处理农村生活污水。恒北新村生活污水处理工程主要收集处理新村庄点的生活污水,共有居民 680 户,总人口 1 760 人。建有生活污水收集管网 6 000 m,生活污水经管网收集后,送入污水处理设施进行处理。恒北村旧村生活污水处理工程主要收集处理恒北村 4 组村庄点的生活污水,共有农户 116 户,总人口 356 人。建有生活污水收集管网 2 240 m,生活污水经管网收集后,送入污水处理设施进行处理。恒丰村建有污水微动力处理设施 1 座,主要收集大丰路周围的居民点的生活污水,污水经管网收集后,送入污水处理设施进行处理。

污水处理系统都采用了"膜生物反应器"工艺,新村生活污水处理工程设计处理能力达 150 t/d、旧村生活污水处理工程达 60 t/d,恒丰村生活污水处理工程达 50 t/d,出水水质达国标一级 A 排放标准。

表 8-3 微动力污水处理设施设计水质标准

水质参数（mg/L）	COD	BOD	SS	TP	NH_3-N	TN
进水	≤300	≤150	≤150	≤3	≤30	≤45
出水（一级 A）	≤50	≤10	≤10	≤0.5	≤8	≤15

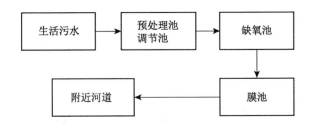

图 8-4 微动力污水处理设施流程图

（2）环卫基础设施

恒北村在居住集中区按照 100 m 一个垃圾箱,300 m 一个垃圾池的标准建设垃圾收集设施。恒北村现有垃圾房 2 个,有 130 座固定收集垃圾的垃圾池,保洁车 2 辆,户用垃圾塑料桶980只,聘用卫生保洁员12人。恒丰村现有保洁员6人,垃圾运输车3辆。已建立"组保洁、村收集、镇清运、市处理"四级管理体制,并落实长效管理机制,每天产生的生活垃圾运送到垃圾中转站,进行无害化处理,实现垃圾日产日清。

已设立道路清扫队,河道保洁队,并制定卫生责任制度,每条河道,每段公路都责任到人,并落实长效管护机制,全村生活垃圾定点存放清运率及无害化处理率均达到100%。

(3) 清洁能源设施

近年来,恒北村投入10多万元,新建沼气池105座。村民使用液化气和沼气,果树和植物秸秆除少部分用于燃烧外,大部分经堆肥制造沼气供村民使用。恒北村的清洁能源普及率达100%。

2) 公共基础设施

公共基础设施主要包括道路和公共交通、给水基础设施、供气基础设施、村民服务中心等。

(1) 道路和公共交通

恒北村西临主要交通干道沈方公路,全村建筑主要呈带状集中分布,村里道路主要形成"四横四纵"道路体系,东西走向由北向南依次为"恒北大道""恒北中心路""恒北南中心路""恒丰南线";"四纵"分别为"沈方公路""恒泰路""春柳路""恒北东路"等。村内主要道路有照明设施。全村四横四纵32.4 km的主干道全部实施道路硬化,新建桥梁90座,涵闸18座,清淤疏浚大中型沟塘500条,土方约20万 m^3,保证全村水系畅通。家家户户门前设立篱笆墙,安装路灯 100 盏,主干道道路两侧种植绿化树苗 17 万株,对主干道两侧、农田道路两旁以及空余地与邻村相连路道等处栽培的女贞、冬青、意杨、金丝柳、紫薇、水杉等树木进行护村观光。公路正常养护、保持露肩平整、无破损路面、无杂草、无打谷晒粮现象。定期清除杂草,喷洒农药防治虫害,定期修剪树型。

(2) 给水基础设施

恒北村村民饮用水为大丰区第二水厂供应。大丰区第二水厂位于健康路以北、建设路以西,规模 10 万 m^3/d,水厂源水取之上游 15 km 的通榆河,是盐城地区最好的自来水水源之一;采用高效的平流沉淀池和法国专利技术的 V 形滤池,主要设备均为国际上先进的名牌产品;整个生产流程实行全自动化控制管理,实施从源头到水龙头的全方位全程监控;出水水质优于国家生活饮用水卫生标准,水厂水质综合合格率 100%。2014 年 6 月,大丰区对饮用水进行水质全分析,监测结果表明,通榆河水质中 80 项特定项目均未超过标准。经大丰区疾病防控中心 2014 年对水质检测表明:大中镇恒北村生活用水符合《生活饮水卫生规范》,达标率 100%。

(3) 供气基础设施

恒北村现有沼气池 150 余座,居民生活用气主要为瓶装液化气和沼气,暂无集中供气设施。

(4) 村务服务中心

大中镇恒北村党群服务中心总投资 650 万元,占地 5 000 m^2。恒北村党群服务中心以农村社区党组织为核心,以村民自治为依托,以完善服务为动力,形成了管理有序、服务完善的新型农村社区。服务中心设立了便民服务大厅、早酥梨专业合作社、果品展示厅、矛盾调处室、文化活动室、党员活动室、多功能会议室等,各项设施功能齐全。

8.1.3 污染物排放

1) 水污染排放现状

(1) 工业污染源排放现状

目前恒北村境内现有工业企业 1 家,为大丰区亚祥铸造厂。经调查该企业在正常运营中无工艺废水产生,废水主要来自职工生活污水,由于该企业为家庭式生产,主要为相邻居民,且职工人数较少,产生的生活废水均通过村内生活污水微处理设施处理后达标排放,对外环境影响较小。

(2) 生活污染源排放现状

恒北村现有 11 个村民小组,1 278 户、人口 3 514 人。根据恒北村目前的经济发展水平和生活习惯,乡村居民生活用水量约 90 L/(人·d),生活污水排放系数按生活用水量 0.85 计,则全村生活污水产生量为 268.82 t/d,现污水处理设施处理能力分别为 150 t/d、60 t/d、50 t/d,产生的生活污水大部分经微动力污水处理设施处理。经村内微动力污水处理设施处理后,出水达到国家一级 A 标准排放,按照《城镇污水处理厂污染物排放标准》(GB 18918—2002)中的一级 A 标准经计算生活污染源中 COD、NH_3-N、TN、TP 的排放入河量的值,见表 8-4。

表 8-4 生活污染源排放入河量

类别	COD	NH_3-N	TN	TP
入河量(t/a)	4.91	0.79	1.47	0.49

(3) 农业面源排放现状

种植业:农业面源污染进入水体的主要途径为地表径流,因此只考虑通过地表径流进入河道的污染物量。恒北村农田施肥量约为氮肥 20.5 kg/(亩·a),磷肥为 4 kg/(亩·a),全氮通过地表径流进入附近地表水体的量约为施用量的 5%,其中 NH_3-N 流失量占全氮的 30%,磷通过地表径流进入附近地表水体的量约为施用量的 1%,COD 的流失量为 1 kg/(亩·a)。

2014 年,恒北村境内现有耕地面积 5 700 亩,经计算恒北村农田污染物 COD、NH_3-N、TN、TP 流入河流量的值,见表 8-5。

表 8-5 农田污染物流入河流量

规划区耕地面积(亩)	COD(t/a)	NH_3-N(t/a)	TN(t/a)	TP(t/a)
5 700	5.7	1.75	5.84	0.228

畜禽养殖:大中镇恒北村近年来随着农业产业结构调整,村民普遍从事果树种植、企业务工,没有大规模养殖。据 2014 年大中镇统计站统计,2014 年全村出栏猪 6 850 头,出栏家禽(鸡、鸭、鹅等)176 100 只。畜禽产污系数如表 8-6 所示。

表 8-6 畜禽养殖产污系数

类别	COD	NH_3-N	TN	TP	来源
猪 (kg/a·头)	48.80	3.942	8.285	3.054	江苏省环境监测中心
家禽 (kg/a·只)	1.17	0.13	0.28	0.20	环保部南京环科所

据实地调查,规划区村民集中居住在村中三条横向主干道两侧,村民零星饲养的猪、羊及各类家禽的粪便,都经过发酵制肥、作堆还田、养殖废弃物综合利用率为 100%。因此,取 10%作为畜禽养殖业污染物对水体的影响系数。经计算,恒北村畜禽养殖业污染物 COD、NH_3-N、TN、TP 的入河量分别为 54.03 t/a、4.99 t/a、10.61 t/a 和 5.61 t/a(表 8-7)。

表 8-7 恒北村畜禽养殖污染物入河量(t/a)

类别	COD	NH_3-N	TN	TP
猪	33.43	2.70	5.68	2.09
家禽	20.60	2.29	4.93	3.52
合计	54.03	4.99	10.61	5.61

水产养殖:据调查,2014 年,恒北村水产品年产量为 256 吨,基本养殖淡水鱼类。水产养殖业污染物排放量根据中国水产科学研究院和国家环境保护部南京环境科学研究所编纂的《第一次全国污染源普查水产养殖业污染源产排污系数手册》计算,水产养殖水面排出的氮量为 4.035 kg/t,磷为

0.455 kg/t,COD 为 22.204 kg/t(以中部地区淡水鱼为例)。一般鱼塘一年清塘一次,考虑到不同鱼塘间相互换水,部分水不直接排入水体,因此入河系数取 0.6。则恒北村水产养殖业污染物 COD、TN、TP 的产生量和入河量,见表 8-8。

表 8-8 恒北村水产养殖污染物入河量(t/a)

类别	COD	TN	TP
水产养殖污染产生量	5.68	1.03	0.12
水产养殖排污入河量	3.41	0.62	0.07

(4) 污染物入河总量分析

恒北村各类污染源入河总量情况,见表 8-9,其统计柱状图见图 8-5。

表 8-9 恒北村各类污染源入河总量情况(t/a)

类别		COD	NH_3-N	TN	TP
生活源		4.91	0.79	1.47	0.49
工业源		—	—	—	—
农业面源	种植业	5.7	1.75	5.84	0.228
	畜禽养殖	54.03	4.99	10.61	5.61
	水产养殖	3.41	—	0.62	0.07
	合计	63.14	6.74	17.07	5.908
总计		68.05	7.53	18.54	6.398

注:标"—"的表示暂无数据。

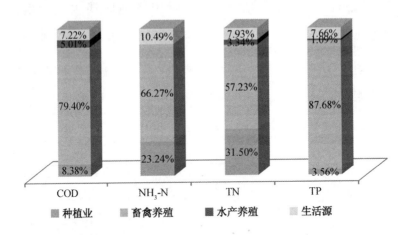

图 8-5 恒北村各类污染源入河污染负荷

恒北村工业、生活、农业面源污染中,农业面源污染排放入河量最高。因此应重点加强对农业面源污染的控制和削减,同时完善生活源污水处理设施。

农业面源中畜禽养殖污染最为严重,其次为种植业,水产养殖污染较小。NH_3-N、TN 的排放量畜禽养殖贡献最大。因此,应着重加强对农业面源中畜禽养殖污染的控制。

2) 大气污染排放现状

(1) 工业污染源排放现状

目前,恒北村范围内的燃煤工业有 1 家,为大丰区亚祥铸造厂,产生的主要污染物有烟尘和 SO_2。经调查,该企业年燃煤 20 吨,其废气产生和排放情况,见表 8-10。

表 8-10 恒北村主要工业企业废气排放情况表

企业名称	燃煤量(t/a)	废气排放量(万 m³/a)	SO₂ 产生量(t/a)	SO₂ 排放量(t/a)	烟尘 产生量(t/a)	烟尘 排放量(t/a)
大丰区亚祥铸造厂	20	20	0.224	0.18	0.6	0.04

(2) 面源排放现状

恒北村大气面源污染主要包括少数居民燃煤、燃烧生物质时产生的烟尘、SO_2 和建筑施工产生的扬尘等,由于其量较小且不集中,目前尚缺乏科学的统计手段,故不作为评价的参数。

(3) 畜禽业排放现状

恒北村畜禽粪便回用会对空气造成一定污染,由于其量较小且不集中,目前尚缺乏科学的统计手段,故不作为评价的参数。

3) 固体废物排放现状

恒北村的固体废弃物主要有工业固体废弃物、生活垃圾、农业固体废弃物(秸秆为主)及医疗废物。

经调查,恒北村境内的工业企业年产固体废物约为 10 吨,主要为废砂、边角料和煤渣等,处理方式为回收利用或外运至大中镇处理。

生活垃圾包括居民生活垃圾,恒北村现有 11 个村民小组,1 278 户共 3 514 人,每人每天排放生活垃圾以 0.5 kg 计,经计算,生活垃圾年产生量约为 641.31 t。恒北村现有垃圾房 2 个,有 130 座固定收集垃圾的垃圾池,保洁车 5 辆,户用垃圾塑料桶980只,聘用卫生保洁员18人,建立"组保洁、村收集、镇清运、市处理"四级管理体制,并落实长效管理机制,每天产生的生活垃圾运送到垃圾中转站,进行无害化处理,实现垃圾日产日清。全村生活垃圾定点存放清运率及无害化处理率均达到100%。

恒北村在市农业局和镇农业技术推广站的指导下,对每年生产的果树枝、二麦、棉花等各类秸秆6 780 t,除果树枝、棉秸秆作为村民的生活燃料外,约有2 000 t秸秆制作加工成果树堆肥直接还田,有效解决秸秆焚烧、弃置乱放造成的污染问题,利用率达100%。

恒北村医疗固废年产生量约为0.2 t,主要来自村部的卫生所,其隶属于大丰区人民医院管理,经调查,其医疗固废经收集后转交大丰区人民医院,由大丰区人民医院委托盐城市宇新固体废物处置有限公司收集处理。

8.1.4 环境管理成效

长期以来,恒北村始终以科学发展观为统领,以"梨园风光、生态宜居、乡村旅游"为目标,结合本村环境现状,扎实推进各项环保工作,呈现出启动有力、推进迅速、全面展开、成效明显的良好态势。地表水、空气、声环境均达到了相应标准,全村居民均已饮用上了干净卫生的自来水。生活污水处理率、生活垃圾无害化处理率、农村卫生厕所普及率、主要道路绿化普及率均已达到了100%。

1) 成功创建国家级生态村

2013年恒北村成功创建国家生态村,对照国家级生态村的各项考核指标,切实推进乡村创建工作常态化、规范化、精细化。

一是加强组织领导,为生态村创建奠定坚实基础。牢固树立"生态立村,绿色发展"的执政理念,成立以村党总支书记为组长、村主任为副组长,村"两委"班子其他同志为成员的"恒北村农村综合环境整治领导小组",形成强有力的创建组织机构,明确具体分工,责任落实到人,并严格实行目标考核责任制,把环境整治工作纳入全年目标考核任务。对专业队伍建立了奖惩制度,实行每月一评分,每季一考核,半年一结算,并将评分考核结果与本人奖金挂钩,充分调动了整治工作的积极性,确保各项工作落实到位。

二是突出重点难点,全面推进生态村创建工作。在环境整治过程中,恒北村党委严格达标要求,以"优化生态环境,发展生态经济,建设生态文化"为主要切入点,全面推进环境整治,坚持以为民办实事为宗旨,以生态村建设规划为龙头,以改善村庄环境为重点,以"清洁水源、清洁家园、清洁生产、绿化造林"和"六清六建"为抓手,紧紧围绕创建标准,加强各类环境综合整治,提升环境质量,完善基础设施。

三是定期开展政治思想、科学文化、生态建设、环境保护、国家级生态村创建等知识的宣传教育与培训。大力宣传环境综合整治活动中的典型事迹,带动广大村民的积极参与,教育广大村民自觉遵守规章制度。形成全员参与、全民共创的浓烈氛围,教育村民养成良好的卫生习惯,努力提高村民环保意识。努力建设一支高素质的基层干部队伍。同时,通过召开党员会、村民代表会和村民大会进行宣传教育,并利用村内板报、宣传画廊等一系列宣传载体,定期刊出农村综合环境整治创建的专题栏目。并出台相关的村规民约、向每家农户发专题宣传资料,积极倡导环境保护和生态文明。鼓励村民积极参加四季爱国卫生运动和星级文明户测评,因地制宜制定了切实可行的《村规民约》,充分利用村部宣传栏、广播等阵地有计划地开展农户最佳环境卫生户评比、清洁家园、美在农家和星级文明户测评等一系列活动,引导村民"走平坦路、喝干净水、上卫生厕、住整洁房"。通过宣传教育,使村民养成了良好的卫生习惯和环保意识,自觉地遵守环保法律法规,几年内没有发生任何环境污染事故和生态破坏事件。

2) 生态产业发展迅速

(1) 大力发展生态农业

恒北村依托地域特点和区位优势,大力打造以早酥梨为主导,精品柿、枇杷为特色的生态农业产业基地。

恒北村积极与省农委园艺处和南京农业大学园艺处等科研部门进行科研对接,不断推广更新果树品种,现梨树品种有20多种,还发展种植了柿子、桃子、枇杷等树种。每年果农生产的各种果品都由村专业合作社实行保护价收购,签订产销合同,已培养了200多名农民经纪人和种植大户,提升了种植技术,拓展了销售渠道,并拉长产业链,进行前延后伸,发展苗木基地、果品贮藏，同时带动了运输业、包装业的发展，村民收入逐年增长。

（2）生态旅游业蓬勃发展

恒北村立足深厚的文化底蕴和交通区位优势，整合包装旅游资源，挖掘特色文化内涵，打造"恒北恒美、梨缘天下"旅游品牌。按照"2+1"（即"有机果品产业、生态旅游产业"+"梨园衍生产业"）的产业发展思路，提升产业发展层次，建设了梨园风光主题公园、锦绣果园、生态走廊等旅游项目，形成了集高效农业、旅游观光、休闲娱乐、生态居住为一体的城市后花园。

恒北村目前正全面打造集梨园生态风光、农耕民俗文化、农家梨园民宿、养生温泉度假等生态休闲旅游精品于一体的四星级乡村旅游点。不断完善旅游管理和配套服务建设，加强管理人员、导游、讲解员培训，提升服务管理水平。目前，已成功举办了两届"江苏·恒北梨园风光乡村游"活动，让游客来恒北村赏梨花美景、吃农家饭、住农家屋，充分体验乡村旅游的乐趣，共享恒北的生态风光。

3）加强村庄环境整治

恒北村以"优化生态环境，发展生态经济，建设生态文化"为主要切入点，全面推进环境整治，坚持以为民办实事为宗旨，以生态村建设规划为龙头，以改善村庄环境为重点，以"清洁水源、清洁家园、清洁生产、绿化造林"和"六清六建"为抓手，紧紧围绕创建标准，按照"六整治、六提升"要求，种植绿化树苗23.6万株,森林覆盖率达95%,增设垃圾池239座,道路正常养护、河塘定期清理、垃圾日产日清,实现水清、岸绿、路洁、院美景象。

(1) 实施河道专项整治

新建桥梁90座,涵闸18座,清淤疏浚大中型沟塘500条,土方约20万 m^3,保证全村水系畅通。实行养殖承包、养管结合、以养促管。利用机械施工为主、人力施工为辅的施工方法,对村范围内的河、沟、塘全部清淤,改善水利设施,保持水体流动,清除水面漂浮物,清除河坡杂草。水质基本达到功能区要求,建立河道的长效管理维护机制,禁止中心河等主干道两侧农户向河道倾倒垃圾,粪便或者丢弃其他废弃物,禁止直接排放生活污水。

(2) 实施道路专项整治

全村五横五纵32.4 km的主干道全部实施道路硬化,家家户户门前设立篱笆墙,安装路灯100盏,对主干道两侧,农田道路两旁以及空余地与邻村相连路道等处栽培的女贞、冬青、意杨、金丝柳、紫薇、水杉等树木进行护村观光。定期清除杂草,喷洒农药防治虫害,定期修剪树型。对道路进行定期养护,保持露肩平整、无破损路面、无杂草、无打谷晒粮现象。在恒北村境内修建并完善雨水排放明沟暗渠体系,雨水排放通畅,路面无明显积水。

(3) 实施生活垃圾专项整治

聚合干群力量,消灭环境卫生死角,制定村各项制度及决策程序,规范村民卫生行为,设立专职环境协管员、专职保洁员、养护工,设立党员责任区,以党员示范带动环境整治工作,并配备专人分包干区保洁。建立组保洁、村集中、镇运转、市处理的四级管理体系,日产垃圾通过垃圾专运车每日运往城南垃圾中转站集中处理,从而使垃圾全部达到日产日清要求。

8.1.5 特色与亮点

1) 早酥梨品牌化

"柳色黄金嫩,梨花白雪香。"20世纪80年代,恒北村以市场为导向,以农民增收为目标,加快农业结构调整;通过积极尝试,大胆实践,从东北辽宁引进了适应当地特有环境的早酥梨,并一举获得成功,从而带动广大农户走上农业科学发展之路,恒北村成为江苏省沿海特色果乡。

1997年,早酥梨获得第二届中国农业博览会银质奖;2003年恒北村早酥梨生产基地顺利通过瑞士有机食品转换期证书;早酥梨连续5届获得盐城市名牌产品;2005年大丰区麋鹿早酥梨通过欧盟有机食品认证;2014恒北早酥梨获得农业部全国名特优新农产品、国家地理商标、国家绿色食品证书;2015年4月份"恒北早酥梨"获得了国家地理标志,果品价值翻番。目前恒北村又注册了恒北小方柿、恒北大米、恒北菜籽油以及恒北系列旅游创意产品。

通过省台办、南京优质农产品行业协会与台湾大学农学院、南京农业大学形成校企科研共建,推广更新品种,提升种植技术,强化市场营销;与南京宜鲜美配送有限公司、南京普朗克科贸有限公司、江苏特产专卖店对接洽谈,将恒北果品、优质农产品打入南京市场。

2) 生产合作社带动区域发展

恒北村 2002 年成立"大中镇恒北村早酥梨销售协会",2007 年在原销售协会的基础上,成立了大丰区麋鹿早酥梨生产合作社。合作社秉持"民建、民营、民收益"的原则,按照农民专业合作组织的要求运作,打破区域界限,为果农提供"五统一"(统一病虫害防治、统一施肥、统一采收、统一包装、统一销售)服务;采取合同收购和实行保护价收购和二次返利,通过专业化运作模式,扩大了品牌影响力,极大地提高了早酥梨附加值,果农收益大幅度增加。

通过合作社的辐射带动周边大桥镇、刘庄镇、新丰镇、西团镇、南阳镇、万盈镇等 6 个镇及东坝头农场和大中农场 2 个农场,拥有成员 3 369 个,其中团体会员 17 个,果树面积超 3.4 万亩,年产量约 2.4 万 t,成为全国最大的早酥梨生产基地之一。

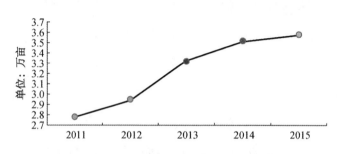

图 8-6　早酥梨合作社辐射面积变化图

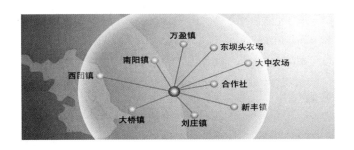

图 8-7　早酥梨合作社辐射区域示图

3)"互联网+"带动产业发展

恒北村大力发展电商产业,发挥阿里巴巴千县万村计划平台作用,在农村淘宝基础上加大与顺丰物流、鸡毛箭等电商平台的合作,建立网络营销渠道,同时增加微信粉丝关注度,迅速提升恒北品牌效益。积极探索增收渠道,在恒北早酥梨、小方柿等传统恒北知名农产品以外,2015年将陆续推出恒北梨酒、恒北梨文化创意产品、恒北农产品等旅游产品,进一步创新增收渠道。

4)生态旅游效益明显

恒北村依靠区域特点和梨园特色,围绕旅游做足文章,打造集梨园生态风光、农耕民俗文化、农家梨园小吃、养生温泉度假等生态休闲旅游精品于一体的美满旅游度假村,努力创建4A级景区和全国最美乡村。

加快推进美满1号温泉酒店、农耕民俗文化园等重点旅游项目建设;大力发展农家乐经营,引导发动农户投资和经营农家乐,进一步提升服务功能;围绕梨园特色、传统节日、旅游市场挖掘策划特色旅游活动,全面提升旅游经营水平。吸引游客互动参与,体验乡村生活。2014年接待游客30万人,旅游收入突破1 000万元,旅游经济初见成效。

8.1.6 创建基础

恒北村创建国家生态文明试点示范村主要具备以下五大优势:

生态农业优势明显。恒北村一直坚持走生态纯农业路线,依托果树种植产业,不引进工业,恒北村是果树种植专业村,是全国最大的早酥梨商品生产基地之一。恒北村2007年成立了大丰区麋鹿早酥梨生产合作社,现合作社辐射范围已包括大桥镇、刘庄镇、新丰镇、西团镇、南阳镇、万盈镇等6个镇及东坝头农场和大中农场2个农场,拥有成员3 369个,其中团体会员17个,果树面积超3.4万亩,年产量约2.4万t,是全国最大的早酥梨生产基地之一。

生态旅游健康发展。近年来,恒北村立足深厚的文化底蕴和交通区位优势,对旅游资源进行整合包装,挖掘特色文化内涵,打造"恒北恒美、梨缘天下"旅游品牌。根据恒北村的早酥梨产业特点,按照"2+1"(即"有机果品产业、生态旅游产业"+"梨园衍生产业")的产业发展思路,提升产业发展层次,建设了梨园风光主题公园、锦绣果园、生态走廊、美满人家宾馆、恒北春秋酒店、农家乐等旅游项目,形成了集高效农业、旅游观光、休闲娱乐、生态居住为一体的城市后花园。

基础设施全面提升。近年来,恒北村全面加大基础设施投入力度,先后投入八千万元,全面加大基础设施投入力度,对全村生活垃圾、生活污水、乱堆乱放、工业污染源、农业废弃物、河道沟塘等进行集中整治;实行公路正常养护、绿化定期修剪、河塘定期清理、垃圾日产日清"四位一体"的综合长效管理;将田园绿化、道路绿化、庭院绿化有机结合,绿化覆盖率达95%。

城乡统筹稳定发展。一方面,已完成老村庄改造工程。按照"六整治、六提升"的要求,以建立和完善农村"3+1"工程长效管理机制为抓手,进一步完善"组保洁、村收集、镇转运、市处理"生活垃圾收运处置体系,建立健全长效管理机制,对村庄、道路、河道、绿化实行"四位一体"的综合长效管理。另一方面,完成了新村庄建设工程。启动实施恒北新村二期工程,进一步完善恒北新村基础设施配套和公共服务配套,为村民提供优质的日常生产、生活和娱乐服务。实现了"春有花、夏有荫、秋有果、冬有绿"的生态农业的生产生活景象。

生态创建成果显著。恒北村生态文明建设取得了显著的成果:2004年获得盐城市首批生态示范村,2005年获得江苏省首批生态示范村,2012年获省新农村建设先进村、省三星级康居乡村、省四星级乡村旅游点、江苏省最美乡村等荣誉称号,在2013年获得国家级生态村的基础上,2014年又获得了全国文明村荣誉称号。

8.2 规划目标与指标

8.2.1 规划目标

1) 战略定位

根据《大丰区总体规划》《江苏省大丰区大中镇环境规划》要求,恒北村的发展定位为:以"梨园风光、生态宜居、乡村旅游"为主题的"绿色、生态、环保、和谐"新农村。

2) 总体目标

在恒北村经济社会发展和生态创建工作的基础上,牢牢把握"梨园风光、生态宜居、乡村旅游"的生态文明规划战略定位,通过生态产业、生态环境、生态文化、生态人居、生态制度五大建设,着力推进绿色发展、循环发展、低碳发展。通过3～5年的努力,形成节约资源和保护环境的空间格局、产业结构、生产方式、生活方式,使环境质量获得持续改善,环境污染得到有效控制,农民生活富裕,各项基础设施完备,基本社会公共服务全覆盖,全民参与生态文明建设,各项生态文明建设体制机制建立,实现人口资源环境相均衡、经济社会生态效益相统一。形成突显恒北村特色的生态文明发展模式,将恒北村建设成为"生产发展、生态良好、生活富裕、村风文明"的国家级生态文明建设试点示范村。

3) 阶段目标

总体目标分两个阶段实现,2016—2018年为重点实施阶段,2019—2021年为深化提升阶段。

(1) 近期目标(2016—2018年)

在现有的产业基础、资源条件和环境现状基础上,抓住当前农业现代化和城镇化深度融合的契机,遵循低碳经济发展模式,加快经济发展方式转型升级,跨越发展生态农业和旅游服务业,着力打造产业示范区;深入开展各类污染防治,重点加强农业面源治理,确保区域大气、地表水、噪声、土壤环境质量达到功能区标准并持续改善;加大村域各项基础设施建设,构建生态安全格局,积极推行生活垃圾分类收集,加强人居环境整治,推进城乡一体统筹;加强生态文化、制度建设,普及资源节约和环境保护的理念,引导全民积极参与恒北村生态文明建设。

到2018年基本达到《国家生态文明建设示范村指标》要求,初步建成恒北村生态文明的运行机制和框架,实现经济社会繁荣、环境质量优良、生态系统健康、生态风险可控、群众满意度高的良好局面,成功创建国家生态文明建设示范村。

(2) 远期目标(2019—2021年)

该阶段恒北村的生态文明创建工作初见成效,在发展和扩大村域发展规模的同时,合理布局空间结构,高效利用土地资源,调整产业结构,稳步发展生态农业,深化提升第三产业发展,充分发挥其对经济的引领作用,逐渐成为区域的支柱产业;

持续改善区域环境质量,提高农村环境保护水平,提升防范环境风险能力;不断完善基础设施,人居环境日益优美,人民生活安全舒适;生态文明理念深入人心,人民素质不断提高,经济、社会和生态环境步入良性循环,恒北村真正成为集高效农业、旅游观光、休闲娱乐、生态居住为一体,生产发展、生态良好、生活富裕,物质文明、精神文明与生态文明高度和谐统一的城市后花园。

到2021年,达超《国家生态文明建设示范村指标》要求,满足《江苏省生态文明建设规划》、《盐城市生态文明建设规划》及《大丰区生态文明建设规划》相关指标要求,全面实现经济繁荣、生活富裕、环境优美、社会和谐、制度文明的生态文明建设目标要求。完善恒北村生态文明建设运行机制,对大中镇乃至大丰区、盐城市生态文明建设起到带头和示范作用。

8.2.2 规划指标

本次规划指标体系的依据主要是环境保护部在2014年1月17日发布的《国家生态文明建设示范村建设指标(试行)》(环发〔2014〕12号),采取国家标准,按最新要求给予补充。

依据《大丰区生态文明建设规划(2015—2021年)》和大中镇关于生态文明建设的要求,并结合恒北村自身的特点,突出迫切需要解决的重点、难点问题,设置恒北村生态文明示范村建设指标体系,共4大类18项指标。在现状调查的基础上,根据经济社会发展预测、资源环境承载力分析,设定各指标近期、远期目标值。建设指标具体见表8-11所示。

表8-11 国家生态文明建设示范村建设指标表

类别		指 标	单 位	指标值	现状值 2014年	预期值 2018年	预期值 2021年	指标属性	对应重点工程序号（参见附表）	责任部门
生产发展	1	主要农产品中有机、绿色食品种植面积的比重	%	≥60	91.3	95	98	约束性指标	1、4	
	2	农用化肥施用强度	折纯，kg/公顷	<220	164	150	140	约束性指标	25	
	3	农药施用强度	折纯，kg/公顷	<2.5	2.6	2.2	2	约束性指标	26	
	4	农作物秸秆综合利用率	%	≥98	98	100	100	约束性指标	20	
	5	农膜回收率	%	≥90	98.8	99	100	约束性指标	3	
	6	畜禽养殖场（小区）粪便综合利用率	%	100	100	100	100	约束性指标		
生态良好	7	集中式饮用水水源地水质达标率	%	100	100	100	100	约束性指标		
	8	生活污水处理率	%	≥90	99	100	100	约束性指标	17	
	9	生活垃圾无害化处理率	%	100	100	100	100	约束性指标	22、23、24	

续表 8-11

类别		指 标	单 位	指标值	现状值 2014年	预期值 2018年	预期值 2021年	指标属性	对应重点工程序号（参见附表）	责任部门
生态良好	10	林草覆盖率	%	≥20	90	95	98	约束性指标	29	
	11	河塘沟渠整治率	%	≥90	95	98	100	约束性指标	14、15、16	
	12	村民对环境状况满意率	%	≥95	99	100	100	参考性指标	18、19、21、30	
生活富裕	13	农民人均纯收入	元/a	高于大丰区平均值	21 534	25 000	30 000	约束性指标	5~13	
	14	使用清洁能源农户比例	%	≥80	98	100	100	约束性指标	31	
	15	农村卫生厕所普及率	%	100	100	100	100	约束性指标		
	16	开展生活垃圾分类收集的农户比例	%	≥80	45	≥80	≥90	约束性指标	22	
村风文明	17	遵守节约资源和保护环境村规民约的农户比例	%	≥95	99	100	100	参考性指标	33、35、36	
	18	村务公开制度执行率	%	100	100	100	100	参考性指标	38	

8.3 生态文明建设主要任务

恒北村生态文明建设主要任务包括生态产业、生态环境、生态人居、生态文化和生态制度5个方面。

8.3.1 生态产业建设

1) 严格用地空间管制，优化村庄空间布局

(1) 严格用地空间管制，优化空间布局

落实大丰区主体功能区规划、环境功能区划和生态功能区划要求，明确恒北村生产、生活、生态空间布局，实行最严格的耕地保护和水资源管理制度。

依据"生态旅游区、果园产业区、人居生活区"三区分类进行划定用地空间布局，因地制宜制定恒北村空间协调发展战略，拓展村庄发展空间。

生态旅游区：主要包括南中心河沿岸的滨河景观带，以及"果林飘香"、"锦绣果园"、"梨园风光"和"生态走廊"作为生态旅游区。

果园产业区：主要位于恒北南路两侧的果林产业带。

人居生活区：主要包括恒北旧村居住点、恒北新村以及正

在建设的恒北新村二区。

恒丰村依据"西部花卉区、中部生活区、东部果园区"三区分类进行划定用地空间布局:西部重点发展苗木花卉与红花村形成万亩苗木花卉基地,东部重点发展新品果树与恒北早酥梨连片形成万亩果树基地,中部重点加快城乡统筹建设,借助东宁路、春柳路南延及226省道建设与恒北新村连接建成美观大方、设施齐全、交通方便、生态宜居新农村试点。

(2) 打造"一心、三轴、四片区"的空间格局

随着恒北村城乡统筹建设和生态农业、生态旅游业的发展,为突出"基础设施、公共服务、景点打造、新村庄建设、老村庄整治"建设重点,恒北村规划打造"一心、三轴、四片区"的总体空间布局,形成点、线、面全方位协调发展的现代生态村。

"一心":以入住 1 000 户居民的城乡统筹新农村示范点——恒北新社区为核心;"三轴":以恒北大道、中心河村庄点和大丰路(恒丰南路段)为三个主轴,打造绿化、亮化生态景观轴;"四片区":明确人居生活区、果园产业区、花卉苗木产业区、生态旅游区四区划分。

(3) 落实环境功能分区

水环境功能区划:在恒北村境内,河流主要形成"四横四纵"水系,水资源非常丰富。其"四横"由南向北依次为南中心河、恒北中心河(美满河)、恒北南中心河、恒丰中心河;"四纵"由东向西依次为新跃河、斗私河、恒泰河、西子午河。沟河常年水流方向由西向东,由南向北。各干流、支流、干渠等河流具有工业、农业、灌溉、排洪等功能(其中南中心河、西子午河

为骨干干流)。近、远期仍基本维持原功能,但为使其水质改善,保证其达到划定的水质标准,应严格限制工业、生活污水直接排入。

依据《江苏省地表水(环境)功能区划》《大中镇环境规划》,目前河流的功能类别和水质情况,恒北村境内主要河流地表水功能区域划分如下:

表8-12 地表水环境功能区划

序号	名称	水质目标		功能区
		2014年(现状)	2018年	
1	南中心河	Ⅲ	Ⅲ	工业、农业
2	西子午河	Ⅲ	Ⅲ	工业、农业、航运
3	恒北中心河	Ⅲ	Ⅲ	农业、灌溉

大气环境功能区划:根据大气环境功能区划的相关规定,恒北村大气环境功能分区划定为二类区,环境空气质量执行《环境空气质量标准》(GB 3095—2012)二级标准。

声环境功能区划:根据恒北村土地利用规划,按照《声环境质量标准》(GB 3096—2008)中噪声功能区划原则,参考《大丰区大中镇环境规划》,恒北村目前的噪声水平与声级分布,进行环境噪声功能区划。主要划分为三类环境功能区,具体划分如下:

Ⅰ类声环境功能区:主要为居民区、生态旅游区。

Ⅲ类声环境功能区:主要为物流中心。

Ⅳ类声环境功能区:主要为村域内主要交通干道,特指沈

方公路,执行区域如下:

① 若临街建筑以高于三层楼房以上(含三层)的建筑为主,将第一排建筑物面向道路一侧的区域划分为4类标准适用区域。

② 若临街建筑以低于三层楼房建筑(含开阔地)为主,将道路红线外一定距离内的区域划为4类标准适用区域。距离的确定方法如下:相邻区域为同类标准适用区域,距离为 $45\ m \pm 5\ m$。

2) 调整优化农业资源,发展特色生态农业

紧紧抓住有利于农业发展的历史机遇,加快农业现代化建设,加快农业职能和产业结构调整;基本建成以规模化、组织化、区域化和市场化为主导的现代农业产业体系;基本建成稳定的保障性产业、特色的林果产业、完善的服务性产业相结合的都市型农业产业结构体系,实现农业结构、技术基础和发展模式的根本转变,将恒北村建成特色鲜明、结构布局合理、产品优、技术新、生态化、外向型、多功能、高效率的现代都市农业产业示范区。

(1) 打造林果示范基地,充分发挥产业特色

创建绿色、有机农产品标准化示范基地,引导、督促和规范"绿色有机农产品"认证企业按生产技术规范和标准化技术操作,全面推行标准化生产、规模化经营、规范化管理,着力构建绿色有机农产品生产的安全体系。要以标准化生产示范区为窗口,着力推进优势特色农产品基地,基本实现无公害标准

化生产。使绿色有机农产品逐步向标准化生产、规模化经营和品牌化发展,从而提高农产品市场竞争力。

围绕"选择优势、壮大特色、形成主导、做强产业"的发展方向,通过大中镇丰收大地的辐射带动,按照"优化种植业、发展养殖业、突破加工业、活跃流通业、拓展旅游业"发展思路,经过调查研究、科学规划,全力打造恒北、恒丰东线及恒丰南线 3 000 亩林果示范基地。东线大力发展早酥梨(早美酥、西子绿、黄冠、黄金、幸水、新高等)、奶油柿子、小方柿等优良品种。南线与红花村连接,大力发展以高秆女贞、红叶石楠、黄山栾树等绿化苗木。充分放大早酥梨产业特色,加快结构调整,制定完善果园实施计划,以恒北、恒丰为核心,向周边恒南、双喜、利民、泰丰等村拓展果树、苗木,形成万亩果品苗木种植基地。

(2) 积极发展生态农业,构建农业循环体系

在生态环境建设与保护的同时,以市场需求为导向,以农副产品加工企业为龙头,依托本地生态资源,实行区域化布局、专业化生产、规模化建设、系列化加工,逐步形成集农产品生产、加工和高效转化于一体的现代生态农业体系。

在优质早酥梨生产基地的基础上,培育种植特色柿子、枇杷等果品新品种,发展林下养殖和蔬果采集,发展以"三沼"为核心的综合利用产业链模式,提高沼液沼渣利用率,通过用作肥料改良土壤、沼液浸种、防治农作物病虫害等技术,形成以"三沼"为核心的"猪—沼—蔬""猪—沼—果"等生态循环利用模式,同时推进整村沼气集中供气工程。

(3) 依托生产合作社，形成果品产业化基地

按照"民建、民营、民收益"的要求建设生产合作社，按照农民专业合作的要求运作，打破区域界限，为果农提供"五统一"（统一施肥、统一病虫害防治、统一采收、统一包装、统一销售）服务，采取合同收购，实行保护价收购和二次返利；按照专业化运作模式，扩大品牌影响力，提高产品附加值，使果农收益获得大幅度增长。

充分发挥专业合作社辐射效应，带动周边地区的共同发展，扩大优质果品种植面积，形成国内著名的优质果品生产基地。

(4) 加快果品产业提升，培育特色农产品品牌

将恒北村现代农业产业化和生态化紧密结合，积极推广无公害、绿色、有机食品基地的建设，大力开展"三品一标"农产品认证，力争把恒北村整体打造成"无公害农产品基地村"和"农产品质量安全区"。建立健全与农产品质量和现代农业发展要求相适应的农业标准化体系。加强地理标志产品认证，注重对特色农产品的保护。按照国家制定的有机食品、绿色食品生产要素及技术规范进行组织、生产与管理，严格监督与控制农产品生产过程中各种添加剂和辅助原料的使用，保障绿色安全无公害食品的生产。到2018年，恒北村主要农产品中有机、绿色食品种植面积的比重达到95%【生态文明建设示范村指标1】。

加大恒北村特色农产品品牌的培育与提升力度，依托早酥梨、小方柿等绿色食品，积极申报国家绿色食品、有机农产

品认证,从源头环节实施品牌质量监控,争创中国驰名商标、中国名牌农产品"国字号"品牌,提升品牌影响力。对外出口的农产品,要认真采用国际标准以及出口目标国和地区的标准来组织生产加工农产品,提高产品档次,在其基础上争创世界名牌特色农产品。力争到2018年,恒北村注册农产品商标10个。

(5) 构建农业发展平台,延长生态农业产业链

以提高农产品的加工增值率为目标,大力发展农产品加工企业,积极培育壮大出口创汇型龙头加工企业,提高农业产业化和外向化水平。完善区域独具特色的农产品加工产业链,构建新型农产品生产加工体系,积极实施农业现代化、产业化的进程,提高村内农副产品抵御市场风险的能力。积极实施高效农业扶持政策,下拨以奖代补资金,鼓励林果业发展,高效农业产值不断提高,注重特色农产品和品牌建设,建立农产品质量追溯系统,逐步发挥农业品牌效应。

在梨园风光公园内规划建设占地约 2 000 m^2 集果品展示、储藏、加工、休闲、合作社等功能于一体的果品博物馆项目,依托丰收大地现代农业示范区农产品加工区载体优势,积极招引果品深加工项目,不断提高农副产品附加值。

(6) 建立科技创新体系,发展绿色农产品基地

依托省内外相关科研机构加快农业产学研对接,全力推动农业科技创新,切实加快农业科技成果的转化应用,以科技支撑引领未来农业的发展。积极推广测土施肥,按照"节水、节能、节地、节肥、节药"技术的要求,从节能减排、增加碳汇、

培肥地力、控制面源污染与降低投入的角度,积极探索与推行适合本地区的秸秆还田技术、水肥管理技术、病虫害控制技术等,实现"优质、安全、高产、高效"的综合目标。到 2018 年,恒北村农用化肥施用强度降至 164 kg/公顷【生态文明建设示范村指标 2】,农药施用强度降至 2.3 kg/公顷【生态文明建设示范村指标 3】。

(7) 加强农业管理指导,提高农民技能素养

加强对生态农业建设的指导与监督。通过健全农产品质量安全检测体系,保障农产品质量安全。通过加强对农药、化肥等投入品农资市场和使用环节的监管,严防假冒伪劣农资流入市场坑农害农,保证农业生产向生态健康方向发展。设立专项经费,围绕恒北村主要农产品开展种植、养殖指导,引导农民应用新品种,运用新技术、不断优化种植结构,提高劳动效率,促进丰产增收。用各种宣传形式,积极宣传绿色农业标准化知识,重点抓好农技人员,农村科技示范户和农业企业科技人员的培训。积极开办针对广大农民的农业科技培训班,提高农民的绿色农业品生产和消费意识。开展"农民培训周""科普之冬""科技赶大集"等专题活动,抓住冬春季培训的有利时节,在对恒北村进行调查摸底的基础上,根据恒北村的培训需求,采取现场集中培训、发放技术手册和明白纸、电视广播、远程教育等形式组织农技专家对农民进行科技教育培训。

注重培养农业技术骨干。通过发放宣传材料,集中开展农业新品种、新技术、新模式、新药肥的展示和示范,方便农民现场学习。同时出台奖励政策,对培训后学以致用,在科技应

用、创新等方面获得突破的农民实施奖励,对参训的示范农民提供种子、化肥、农药等物化技术补贴,同时鼓励参训的农民实用人才参与科技项目攻关。突出抓好农业面源污染治理和无公害农产品生产技术规程培训和指导,进一步提高生产者、经营者的农业标准化意识和生产水平。认真做好农村科普工作,推广农村实用新技术,培育有文化、懂技术、会经营的农业新型人才。到2018年,恒北村要培养农村经纪人和种植大户300余户。

3) 依托自身区域优势,发展特色服务行业

(1) 推进发展生产性服务业,建设现代化物流基地

全面提升生产性服务业的整体素质和发展水平,构建起与果品深加工产业发展相适应、产业基地与生产性服务业集聚区相协调的产业互动体系,未来恒北村应依托本地丰富的果品资源,配套发展现代物流业。

依托恒北村"水、陆、空、铁"综合联运的交通优势及便捷的交通设施,利用大丰港的水运,新长铁路的铁路运输,沿海高速的陆路运输,以及盐城机场的航空运输,大力发展绿色物流产业。加快建设果品博物馆、顺丰物流中心等重点物流项目,依据产业集聚特色和规模,合理规划物流中心和物流节点,促进物流的社会化、规模化、集约化和信息化,打造面向全国的长三角著名的物流园区。

(2) 提升发展旅游服务业,有效增加农民收入

近年来,恒北村立足早酥梨等生态果园的发展,对旅游资

源进行整合包装,打造"恒北恒美、梨缘天下"旅游品牌。按照"2+1"(即"有机果品产业、生态旅游产业"+"梨园衍生产业")的产业发展思路,建设梨园风光主题公园、锦绣果园、生态走廊、美满人家宾馆、恒北春秋酒店、农家乐等旅游项目,形成集高效农业、旅游观光、休闲娱乐、生态居住为一体的城市后花园。

加快重点旅游项目建设。加快在建项目建设速度和已建项目提升,确保各景点项目外在有形象,内在有文化。加快景区旅游产品开发,在原有早酥梨、柿子、桃子、枇杷、梨园草鸡蛋等农副产品的基础上,进一步挖掘资源,设计制作创意手工艺制品,增加旅游产品卖点。

表8-13 恒北村旅游项目一览表

已建项目	村口牌坊、恒北新村、梨园风光主题公园、美满河畔、映像恒北展示馆、村麋鹿早酥梨专业合作社、省三星级康居乡村示范点、村党群服务中心、生态长廊、恒北村游客接待中心、锦绣果园、农家乐
在建项目	恒北果品苑、美满壹号温泉酒店、中国农耕民俗文化园

不断丰富旅游项目。打造集梨园生态风光、农耕民俗文化、梨园小苑农家乐、养生温泉度假、果品博物园等生态休闲旅游精品于一体的美满旅游度假村,策划举办生态环保节、采摘节、火红万柿节等活动。精心组织梨园风光乡村游活动的同时,按照"天天有团队,周周有小活动,月月有大活动,突出黄金周,办好旅游季"的要求,加大旅游广告投入,利用高炮、

龙门架、电子显示屏、BRT公交广告、以更大力度做好旅游宣传。通过聘请专业机构团队，精心设计旅游线路，制定专门营销推介方案。

表 8-14　恒北村各季旅游活动一览表（拟）

时间		月月有活动	季季有特色	美满旅游度假村
春有花	一月	乡土年味、年货节	风筝节、摄影征文比赛、乡村大舞台	野外CS、农家乐、恒北春秋打造集梨园生态风光、农耕民俗文化、农家梨园小吃、养生温泉度假等生态休闲旅游精品于一体的美满旅游度假村
春有花	二月	恒北梨园风光乡村游	风筝节、摄影征文比赛、乡村大舞台	野外CS、农家乐、恒北春秋打造集梨园生态风光、农耕民俗文化、农家梨园小吃、养生温泉度假等生态休闲旅游精品于一体的美满旅游度假村
春有花	三月	中国恒北国际梨花节	风筝节、摄影征文比赛、乡村大舞台	野外CS、农家乐、恒北春秋打造集梨园生态风光、农耕民俗文化、农家梨园小吃、养生温泉度假等生态休闲旅游精品于一体的美满旅游度假村
夏有荫	四月	远梨污浊·爱尚纯洁女孩成人礼	生态长廊、恒北庄园农家乐	野外CS、农家乐、恒北春秋打造集梨园生态风光、农耕民俗文化、农家梨园小吃、养生温泉度假等生态休闲旅游精品于一体的美满旅游度假村
夏有荫	五月	农耕民俗文化节	生态长廊、恒北庄园农家乐	野外CS、农家乐、恒北春秋打造集梨园生态风光、农耕民俗文化、农家梨园小吃、养生温泉度假等生态休闲旅游精品于一体的美满旅游度假村
夏有荫	六月	生态环保节	生态长廊、恒北庄园农家乐	野外CS、农家乐、恒北春秋打造集梨园生态风光、农耕民俗文化、农家梨园小吃、养生温泉度假等生态休闲旅游精品于一体的美满旅游度假村
秋有果	七月	知青自驾游、千名知青游大丰	全民读书比赛、锦绣果园采摘节、恒北梨酒节	野外CS、农家乐、恒北春秋打造集梨园生态风光、农耕民俗文化、农家梨园小吃、养生温泉度假等生态休闲旅游精品于一体的美满旅游度假村
秋有果	八月	梨王争霸赛、梨娃选拔	全民读书比赛、锦绣果园采摘节、恒北梨酒节	野外CS、农家乐、恒北春秋打造集梨园生态风光、农耕民俗文化、农家梨园小吃、养生温泉度假等生态休闲旅游精品于一体的美满旅游度假村
秋有果	九月	火红万柿节、重阳知青老人大联欢	全民读书比赛、锦绣果园采摘节、恒北梨酒节	野外CS、农家乐、恒北春秋打造集梨园生态风光、农耕民俗文化、农家梨园小吃、养生温泉度假等生态休闲旅游精品于一体的美满旅游度假村
冬有泉	十月	"金婚银婚，永不分梨"	生态温泉	野外CS、农家乐、恒北春秋打造集梨园生态风光、农耕民俗文化、农家梨园小吃、养生温泉度假等生态休闲旅游精品于一体的美满旅游度假村
冬有泉	十一月	养生温泉度假节	生态温泉	野外CS、农家乐、恒北春秋打造集梨园生态风光、农耕民俗文化、农家梨园小吃、养生温泉度假等生态休闲旅游精品于一体的美满旅游度假村
冬有泉	十二月	"冬季到恒北来看雪"	生态温泉	野外CS、农家乐、恒北春秋打造集梨园生态风光、农耕民俗文化、农家梨园小吃、养生温泉度假等生态休闲旅游精品于一体的美满旅游度假村

完善旅游服务。在旅游业蓬勃发展的同时，不断进行完善和提升相关的旅游配套服务。完善恒北村旅游文化有限公司管理机制，招引专业人才，培训管理人员，规范化运营。2015年江苏省提出了"厕所革命"，要求各旅游景区进行旅游

厕所改造。恒北村旅游区内公共厕所数量较少,且卫生条件有待改善,恒北村响应省政府的要求,积极做好完善相应卫生措施,同时加强旅游业的配套设施建设,不断提升旅游服务,促进恒北村旅游业持续健康发展,为创建省五星级乡村旅游点奠定基础,进一步培植旅游增长点。

(3) 依托"互联网+",带动服务业发展

做好旅游服务推介。恒北村加大与大型策划运营公司、知名旅行社的合作力度,聘请专业机构团队,精心设计旅游线路,制定专门营销推介方案,完善微博、微信、网站建设,加强与省广播电视总台、西祠胡同、新华日报、农民日报等主流媒体合作,开展大规模、大声势的媒体宣传活动,借助网络等新媒体的发展,不断推送旅游信息,增加微信粉丝关注度,迅速提升恒北品牌效益。以梨园风光乡村游活动为契机,加大对外宣传力度,提升知名度,叫响恒北乡村旅游品牌。

完善网络营销渠道。加大与顺丰物流、鸡毛箭等电商平台的合作,建立网络营销渠道。通过网络营销渠道,加快景区旅游产品开发,增加旅游产品卖点。通过农村淘宝等电商平台销售早酥梨、柿子、桃子、枇杷、梨园草鸡蛋等农副产品的基础上,进一步挖掘资源,推出恒北梨酒、恒北梨文化创意产品、恒北农产品等旅游产品,设计制作创意手工艺制品,进一步创新增收渠道。

(4) 恒北村在建重点旅游项目介绍

恒北果品苑:恒北果品苑项目位于恒北村"梨园风光"主题公园内,东侧和南侧紧靠公园步道,西临东宁路,北濒南中

心河,占地约 6 410 m²,建筑面积约 2 000 m²。该项目集果品储藏、加工、展示等功能为一体,结合早酥梨标准化基地建设工程,建设早酥梨专业合作社相应的配套设施和容量 1 000 t 以上的果品贮藏气调库一座,配置相应的水果加工设备。果品展示以当地果品梨、桃、苹果、柿为主,也展示全国各地的特色水果,让游客在赏心悦目的同时能够深层次、直观地了解到水果的加工流程,并能在此小憩,成为"梨园风光"的新景点。

恒北美满一号生态温泉酒店:总投资 2.3 亿元的恒北美满一号温泉酒店,以优质天然温泉水系为特色,由森风集团投资建设。酒店设温泉养生休闲区、客房会务中心和 VIP 豪华套房等三个功能区,酒店集温泉、沐浴、住宿、餐饮、会议、健身、娱乐、观赏、休闲度假为一体。温泉水采集地下 1 450 m 深第三系砂岩构造破碎带池层水源,泉水日夜喷薄而出,四时不竭,温泉日出水 2 000 m³,常年保持 62℃以上,水中富含多种对人体有益的微量元素与矿物质。酒店占地总面积 4.3 万 m²,主体建筑面积近 3 万 m²。泉疗区主要由温泉泡池区、现代化游泳馆、演艺大厅、影视休闲大厅、温馨舒适的按摩房、贵宾房、台球健身、棋牌室组成。室内温泉有标准游泳馆、温泉泡池、集冰点浴、宝石浴、石板浴和森林氧吧等温泉娱乐休闲项目。建筑设计融厚重大气的民国风格和现代时尚风格为一体,装修豪华典雅,设施设备先进,是各类商务活动、会议、宴会和度假休闲的理想首选。

中华农耕文化园:中华农耕文化园,位于美满大道以南、东宁路以西,占地面积 250 亩。主要由 4 个部分组成,第一部分是现有的锦绣果园,锦绣果园内种植梨树、柿子树、核桃树,在保护原有果树的同时,在空地上规划增植银杏树、桃树、枇杷树、杏树、李树、樱桃树等优良树种,供游客观赏、采摘;第二部分是一个包括农耕民俗、民间艺术的 200 m 展示长廊;第三部分是风车区,建成后将展示各式风情的水车、风车;第四部分是农耕体验区。另外还可在此区域打造青少年野外拓展区和儿童游乐区,主要包括攀岩、独木桥、迷宫、小火车和室内小型游乐场等拓展项目。

4) 优化产业结构,督促企业升级改造

恒北村现有污染工业一家——大丰区亚祥铸造厂,其主要污染物为燃煤过程产生的烟尘及二氧化硫。恒北村一直以来的发展方向是:依托特有农业资源,延伸农业产业链,培育旅游业,不发展工业。因此,建议对村内的现有铸造企业进行搬迁,或者进行清洁能源改造,如使用电炉等清洁生产工艺。

在下一步的发展规划中,恒北村应充分发挥自身的特有农业、服务业优势,大力发展新型农业、旅游服务业为一体的观光休闲农业基地。为延伸产业链引进的农产品加工产业,应安排在污染处理配套设施完备的大中工业园区,避免工业生产对恒北村的环境造成影响。

8.3.2 生态环境建设

把持续巩固和改善环境质量作为生态文明建设的基本

任务,提升生态效益作为生态文明建设的基本目标,加强环保基础设施建设,全面开展大气环境、水环境、声环境污染整治,加强固废处置利用,推进农业面源污染整治和土壤污染防治,有效预防环境风险,为人民群众建设天蓝、地绿、水净、景美的生产生活环境,不断满足人民群众对环境质量的期盼和要求。

1) 持续开展清水行动,建设清澈水体环境

以改善区域水环境质量为目标,以河道综合整治、完善生活污水处理设施等为重点领域,构建水污染联防联控体系,建设清澈水体环境,保障生态安全和群众健康,切实改善恒北村水环境质量。

(1) 推进河道综合整治

恒北村的水质相对较好,无"黑臭"河道现象,但需加强控制氨氮污染和水体富营养化问题。对村内河道进行全面调查,建立"富营养化"河道档案,制定整治规划和年度实施方案。因地制宜,积极实施"治污染源、清淤清障、护岸修建、堤岸加固、绿化种植"等有利于改善河流水质的各项整治工程,对河床淤积的河道尤其是村庄的河塘沟道开展清淤疏浚,消除沉积的有机污染源,根据需要实施活水、调水工程,确保河道水体流动。

积极做好河道沿线控源、截污整治工作,减少入河污染物量,逐步提高河道水质达标率,创建河道治理典范。实施硬质护坡生态化改造,建设氮磷拦截吸收、曝气充氧等生态工程,

增强河流自净能力。恢复河道水生植物带，在同时考虑河道生态及村庄绿化的前提下，对河道进行景观生态修复。到2018年，恒北村继续完善河流和排水沟质量维护工作，恒丰村完成拓宽疏浚河道15 km、修建涵闸120座。

落实河道长效管理机制。加强"责任"河道长、"督查"河道长、"实施"河道长三级负责制，明确各河道负责地区和部门职责，把河道长工作目标任务作为村内全年重点项目督查考核。落实正常巡查、管护工作，建立长效维护保洁工作机制，组建河道专职保洁队伍，加强对河道保洁员的出勤、工作成效的检查考核，确保村内各水体水质逐步改善，动态跟踪治理进程，为村民增建更多"水清、岸绿、景美"的亲水平台。

（2）完善生活污水处理设施

积极推动污水配套管网等相关环境基础设施的建设，提高现有污水处理厂的负荷率和村庄污水管网覆盖率。目前恒北村现有两座微动力污水处理设施，大部分生活污水得到有效处理。下一步，对极少数仍未纳入污水处理管网的分散式排放源，应继续完善污水管网建设，完善相关污水处理管理机制和保障措施，定期安排专业人员对微动力污水设施进行检修，保障其稳定、高效运行。

充分利用村庄地形地势、可利用的水塘及闲置地，提倡采用生物生态组合处理技术实现污染物的生物降解和氮磷的生态去除，降低能耗、节约成本。结合农业生产，加强生活污水削减和尾水回收利用。到2018年，恒北村和恒丰村生活污水100％经污水处理设施处理后达标排放【生态文明建设示范村指标8】。

(3) 开展生态修复工程

在严格控制水体污染的前提下,采取工程措施,修复河网生态系统,包括修复河流形态、基底结构、水生生物群落等,增强水环境自净能力以及水生生态系统抗冲击能力,提高环境容量和环境承载力。通过保护、种植(养殖)或繁殖适宜在水中生长的植物(动物)和微生物,改善生物群落结构和多样性,增加水体的自净能力,消除或减轻水体污染;通过生态拦截工程建设,对主要河道两侧的农田沟渠塘、支浜进行生态修复;在满足防洪和灌溉要求的前提下,通过修复或部分修复河道蜿蜒形态,改造硬质堤岸,构建堤岸植物群落,加强河流水体与底质中物质循环,最终修复成为具有较强自然净化能力和良好景观效果的河流生态系统。

2) 合理处置固体废物,营造整洁村庄环境

以改善区域环境质量为目标,以促进社会源头减量、规范生活垃圾处理、安全处置危险废物等为重点领域,构建固体废物污染联防联控体系,建设清洁环境,保障生态安全和群众健康,切实改善恒北村环境质量。

(1) 促进社会源头减量

加大引导推进力度,鼓励社会、村民积极参与源头减量工作。研究制定相关政策,不断促进清洁生产。限制产品过度包装,鼓励包装物回收利用,发展绿色包装,强化生产者责任。推进新建住宅全装修,提倡适度装修,减少房屋装修垃圾。倡

导节俭型餐饮文化,积极引导绿色消费、适度消费,减少餐厨垃圾。

(2) 推进全过程分类,规范处理生活垃圾

逐步推进生活垃圾分类收集。调动村内居民、志愿者队伍广泛开展生活垃圾分类的宣传活动,引导公众形成垃圾分类的观念。在居民小区、村委会及公共场所推行"四色垃圾桶和垃圾袋"的生活生产习惯,统一把生活垃圾分为"可回收垃圾""厨余垃圾""不可回收垃圾""有毒有害垃圾"四类进行分类收运和处置,推广使用可再生纸垃圾袋。编制及发放垃圾分类收集的宣传册,建立和完善生活垃圾完全收集、密闭转运、无害化处理体系。根据估算的垃圾产生量和垃圾桶服务半径,合理布置垃圾桶。

完善生活垃圾收集-转运体系。完善村内生活垃圾收集转运体系,在已建设好的垃圾池的基础上,加强管理和保障机制,扩大垃圾收集服务范围,提高转运能力。根据生活垃圾回收量建设社区垃圾回收中心,提高垃圾运输中转站转运能力。加强生活垃圾分类运输车辆技术改造,加强日常维护,控制垃圾收运车污水"线状"滴漏。

建立生活垃圾处理工作协调机制。统筹推进垃圾处理工作,制定工作方案,按年度分解垃圾处理任务,将垃圾减量化、资源化、无害化指标一并列入督查考核。对在垃圾减量化、资源化、无害化工作中作出显著成绩的单位、个人给予表彰、奖励。

开展生活垃圾分类收集的农户比例要达到80%【生态文

明建设示范村指标16】。

（3）安全处置危险废物

加强对全村危险废物监管。严格遵照实施危险废物管理办法，充分依托现有村外危险废物处置中心的收集、处置功能，强化有毒有害危险废物的安全防护措施，加强对危险废物的统一监管和集中收贮。定期抽查废物台账及相应手续，建立全村危险废物污染防治应急预案。

强化医疗废物全过程管理。做好村内卫生站、诊所医疗废物产生量的统计工作，同时加强诊所内医疗废物的收集、堆放等各过程的管理，健全医疗废物收运体系，确保医疗废物由专门机构统一收集后得到100%的安全处置。

安全处置农药废弃物。逐步建立和完善农药废物回收处置体系，合理设置农药废物集中回收点，实现农药废物统一回收和集中安全处置。积极向农民宣传农药废物的危害，提高农民对农药废弃物安全处置的意识。

（4）规范处理建筑垃圾

严禁随意倾倒、抛撒或者堆放建筑垃圾，统一运送至建筑垃圾消纳场规范处置，实行建筑垃圾封闭运输，加强对建筑垃圾运输、处置资质的管理，鼓励建筑垃圾综合利用。对建筑垃圾进行分拣处理，尽量回收利用，不可利用的再送至大丰区东坝头垃圾填埋场内专门预留的建筑垃圾填埋区进行填埋。

（5）推进固废综合利用

深化固体废弃物管理体制改革。推动建立市场运作机制和多元竞争格局,积极发展固废处置服务市场,建立固废处置有偿收集、运输和处置的机制。鼓励不同经济成分的企业和社会资本介入固废产业,促进各类经济成分进入固废处置服务市场。

积极推进垃圾资源化处理。在垃圾分类工作的基础上,可回收废物纳入大丰区资源回收系统综合利用。厨余垃圾、餐饮业泔脚、食品加工有机废物和部分有机垃圾可送堆肥厂资源化利用,其余可焚烧生活垃圾送至垃圾发电厂焚烧发电。鉴于农村家庭垃圾主要以有机垃圾为主,鼓励农村家庭实现生活垃圾的资源化利用。鼓励村民积极进行垃圾资源化回收,对回收价值较高的垃圾(如金属制品、塑料制品)建立合理有效的回收体系。

3) 深化大气污染控制,营造良好居住环境

以改善区域大气环境质量为目标,以餐饮油烟治理、机动车尾气污染防治、城市扬尘污染防治等为重点领域,构建大气污染联防联控体系,综合治理大气污染,保障生态安全和群众健康,切实改善恒北村大气环境质量。

(1) 开展餐饮油烟治理

加强餐饮单位监督管理。严格餐饮项目审批制度,居民住宅或以居住为主的商住楼不得新建产生油烟污染的餐饮服务经营场所。餐饮单位应安装高效油烟净化设施,避免直接排入大气。使用天然或液化气,集中设置专用烟道,禁止烟道朝向居民区等人群较密的区域,建立运行维护制度,定期对重

点餐饮单位进行现场检查。开展建成区餐饮单位油烟废气专项整治。根据"先大后小,先重点后一般"的原则,将恒北村内旅游区街道、居民住宅集中区等环境敏感区列为餐饮单位整治的重点区域,将6个基准灶头及以上的大型餐饮单位、烧烤店以及污染严重、群众反映强烈的餐饮单位列为重点整治单位,加快对无证经营摊位、夜间营业摊位的集中整治。到2018年,建成区油烟控制覆盖率达100%。

(2) 加强汽车尾气控制

实施机动车尾气污染控制。全面实施国家机动车尾气国Ⅳ排放标准,推进村内各机关、事业单位在用车尾气排放达标。加快淘汰黄标车和高耗能的老旧车辆,未获通行证的黄标车禁止上路行驶。加强机动车环保管理,要求在用机动车进行年度定期检验,对不达标车辆不得发放环保合格标志,不得上路行驶。加强机动车燃油油品质量监管,严厉打击非法销售不合格油品行为。

加强村域交通车辆管理,优化道路布局规划。鼓励居民绿色出行,提高步行、自行车、公交等公共交通出行比例,从数量上减少机动车对村域大气质量的影响。建立健全环保部门与公安交警部门汽车尾气监控和联动处置机制,在全村主要道路口和汽车修理站配套建设尾气监控设施,与交通管理部门建立联动机制,开展汽车尾气达标排放整治工作。

(3) 有效防治扬尘污染

综合整治施工扬尘。积极推进"绿色施工",建设工程施工现场应全封闭设置围挡墙,严禁敞开式作业,施工现场道路应进行地面硬化,渣土运输车辆出施工场地应进行冲洗。加强施工场地堆场扬尘控制,易扬尘物料应进行覆盖或建设防风抑尘设施,减少露天堆放。加大工地土方作业的监管力度,全面覆盖裸土。通过制定管理办法、发放宣传册、签订《施工管理责任书》等不同形式的宣教活动,教育施工单位文明、安全、环保施工。

有效控制道路扬尘。推行高效清洁的道路清扫作业方式,加强道路清扫保洁和洒水抑尘,提高机械化作业水平,控制道路交通扬尘污染。增加主要交通干线清扫及喷雾洒水作业,提高路面机扫率和冲洗率,有效控制道路扬尘。加强对运输车辆泄漏遗撒的监督力度,强化渣土运输车辆封闭上路,增加城市绿化面积,采取种植草皮、木屑压实、铺镂空砖后种草等措施消除建成区内裸露地面,完善居住小区绿化配套工程,减少地面扬尘。

(4) 严格控制秸秆焚烧

加大秸秆焚烧督查力度。通过宣传发动、举报奖励等措施,成立区、镇、村、组四级联动督查机制。加大实时监测和执法力度,实行全村域禁止露天焚烧秸秆。到农忙时节,分区域设专人负责,联合城管、环保、派出所、交警等部门通过群众举报、加大巡查等方式,对焚烧的单位和个人给予严肃处理,有效遏制焚烧现象。

加强秸秆综合利用。大力推广秸秆机械化还田、过腹还田,鼓励利用秸秆生物气化(沼气)、热解气化、固化成型及炭化等技术发展生物质能,鼓励秸秆饲料开发、秸秆微生物高温快速沤肥及秸秆工业原料开发等方式,扶持发展以秸秆为原料的综合利用项目。按照大丰区委区政府统一部署和要求,认真落实秸秆机械化还田面积图斑,按图标注、具体到户,并结合各组秸秆还田机具的保有量和作业能力,做好适宜机械化作业田块与机具的对接工作,签订作业协议。农机部门要制定秸秆机械化还田技术路线和作业标准,加强监管和技术指导;财政部门要继续加大秸秆机械化还田扶持和奖补力度。

加快秸秆收贮体系建设。以整村推进为抓手,建立农民经纪人、合作组织、农户参与,政府监管、市场化推进的秸秆收贮体系。规划建立以经纪人、合作社为主体的秸秆收贮点,要按种植面积设立1~3个临时堆放点,除机械化还田田块外,其他田块产生的秸秆都必须进行收贮,每个匡口、田块都要对应到具体的收贮主体。至2018年,恒北村建成完善的秸秆收贮体系。

实行秸秆禁烧目标责任制。把秸秆综合利用和"双禁"工作纳入农业农村工作年度目标考核重要内容,每半年考核一次,建立督查巡查和跨区域联动控制工作机制。到2018年,恒北村秸秆综合利用率达到100%【生态文明建设示范村指标4】。

(5)推广使用清洁能源

加快可再生能源如生物质能、太阳能等产品的应用,扩大新能源产业规模,加快构建新能源产业链。运用政府引导、企业参与、市场化运作等措施,鼓励企业、村民采用高效能低消耗的节能环保型与新能源、清洁能源的交通运输工具。

(6) 有效防治畜禽污染

加强对畜禽粪便污染的控制,制定畜禽粪便管理制度,同村内养鸡和养猪等养殖户签订协议,禁止私自向沟河或农田排放粪便;养殖产生的废水、粪便要统一经沼气池发酵、除臭、无害化处理,减轻臭度。

4) 防治农业面源污染,打造绿色生态农业

恒北村目前农业面源污染问题较为突出,主要为畜禽养殖业和种植业污染,为保障恒北村的生态环境,完成生态文明示范村的指标要求,本规划以综合防治畜禽污染、严格控制化肥用量和合理降低农业残留为重点领域,综合防治农业面源污染,切实保护村庄生态环境。

(1) 综合防治畜禽污染

切实加强畜禽养殖污染源头管理,应根据恒北村发展规划合理发展规模化清洁养殖。有序淘汰分散的、小规模畜禽养殖,提倡实施集约化养殖。加强规模化的畜禽养殖场管理,鼓励采用先进环保的养殖技术,减少污水和粪便流失,提升畜禽粪便等废弃物的处理水平,修建畜禽粪便等固体废弃物发酵池,处理有机垃圾等废弃物,实施规模化养殖场沼气工程和有机肥生产工程,实施发酵床圈舍改造和畜禽养殖废(尾)水净化处理循环利用工程。

分类处置推进畜禽粪便污染综合利用。一是零散养殖户:主要采取直接堆肥沤肥还田,利用自有农地消纳处理畜禽

粪便。二是中小规模养殖户：主要推广"沼气生态"处理、"沼气＋堆粪池（棚）"处理、"发酵床降解"处理、"发酵床＋沼气"复合处理等粪污综合利用模式。三是大规模养殖场：对年出栏生猪2 000头以上（蛋鸡存栏20 000羽以上）的规模养殖场，必须实行工程化治污。要求养殖场自行建设相应畜禽粪便、污水与雨水分流设施，畜禽粪便、污水的贮存和输送设施，粪污厌氧消化和堆沤、有机肥加工等综合利用和无害化处理设施，或者委托他人代处理利用。

切实推进畜禽粪污收集集中处理。合理利用大丰区畜禽粪污集中处置利用中心，收集处理村内不具备自行综合处理的畜禽粪污。养殖户自备运输工具或通过经纪人运送畜禽粪污到集中处置利用中心进行处理，生产商用天然气和有机肥，市财政给予一定的补助。到2018年，恒北村规模化畜禽养殖场粪便综合利用率达到100%【生态文明建设示范村指标6】。

加强对养殖场环境的日常监督管理。建立和完善畜禽养殖场污染治理档案；监督养殖场治污设施的运行情况，防止养殖场治污设施建成后不运行或少运行情况的发生。加大执法处置力度，环保部门要切实履行职责，按照国家有关法律法规，加大执法处置力度，倒逼畜禽养殖污染综合整治工作。

（2）严格控制化肥用量

推广果林种植新技术和测土配方施肥工作，减少化肥污染。实施测土配方施肥补贴项目。围绕"测、配、产、供、施"五大环节，按照"测土到田、配方到厂、供肥到点、指导到户"的要求，"统一测配、定点生产、连锁供应、指导服务"的运行机制和

"五个一"技术推广模式,通过广泛宣传发动,开展相关技术培训,宣讲测土配方施肥技术内容和科学施肥知识,划分施肥分区,制定施肥方案,发放施肥建议卡、明白纸等,免费为种植大户采土化验、配方、施肥指导。

通过测量土壤 N、P、K 和微量元素的含量,了解恒北村内土壤肥力状况,按照作物所需营养成分,合理确定氮、磷、钾和微量元素的适宜用量和比例,减少化肥施用量。扩大商品有机肥补贴规模,增施有机肥,增加经济绿肥种植面积,推广秸秆还田技术,推广使用商品有机肥、有机-无机复合肥,使土壤有机质明显提高。至 2018 年,恒北村农业化肥施用强度控制在 150 kg/公顷【生态文明建设示范村指标 2】。

(3) 合理降低农药残留

广泛宣传严禁使用甲胺磷、久效磷等高毒农药。筛选和推荐使用高效低毒低残留农药,推广使用生物农药和高效低毒低残留农药。提高测报准确率,适期用药,避免盲目用药、滥用药、用错药。减少施药次数,能兼治的不单治,能挑治的不普治。稻田用药后严禁直接将水排入主干河道。实施病虫害综合治理,减轻化学防治压力。通过合理间套作、冬耕春翻、诱杀技术等措施,减轻病虫害发生,减少农田施药次数,尽可能降低农田土壤中农药残留量。至 2018 年,恒北村农药施用强度控制在 2.2 kg/公顷【生态文明建设示范村指标 3】。

(4) 建立生态拦截系统

加快采用生态田埂、生态沟渠、旱地系统生态隔离带、生态型湿地处理以及农区自然塘池缓冲与截留等技术,实施现有农田沟渠塘生态化工程。针对种植业氮磷污染问题,建立新型面源氮磷流失生态拦截系统,拦截吸附氮磷污染物,有效削减面源污染物对水体直接排放。

通过开展农业面源各类污染综合防治工作,降低恒北村农业污染物排放。

5) 综合防治噪声污染,维护乡村宁静环境

控制交通、建筑和社会噪声,加快建设环境噪声自动监测系统,建成噪声监控系统;优化恒北村环境噪声标准适用区域,保证噪声达标区覆盖率保持在100%。

(1) 降低道路交通噪声

恒北村在城市化进程中应不断加快城市道路网络的建设,这也不可避免带来交通噪声的问题。因此,应从道路规划阶段优化村内路网,提高车辆通行能力。全面落实《地面交通噪声污染防治技术政策》,大力推进主干道等沿线噪声敏感点的隔声屏障设置、隔声门窗安装以及隔声绿化带建设。加强道路交通管理,严格实施限行、限速等措施,制定相关规定,禁止机动车车辆任意鸣笛,限制载重货车等高噪声车辆进入主要居住区的时间和路线。

(2) 整治建筑施工噪声

开展绿色工地创建工作,提倡使用工艺先进、噪声强度低的建筑施工机械,施工中禁止联络性鸣笛,施工阶段噪声排放必须符合国家《建筑施工场界噪声限值》。严格控制建筑施工

作业时间,减轻建筑噪声对居民休息、睡眠的影响。加强建筑施工噪声的现场监测,易产生噪声超限的加工机械,采取封闭的原则控制噪声扩散,噪声敏感区应选用低频振捣棒并采用降噪安全围帘进行包裹。

尽量避免夜间施工,对夜间必须施工项目,需取得夜间施工许可证方可施工。夜间施工审批时应控制施工种类,选取室内作业或噪声较小的工程,夜间施工和使用高噪声机械设备必须做到对敏感区域的保护和进行施工时间的限制。加强对施工工地的管理和施工人员的环境意识教育,应教育施工人员文明施工,消除不必要的噪声。

(3) 控制社会生活噪声

由环保部门牵头,会同公安、文体、工商等部门建立多部门联动的社会管理,严格执行《社会生活环境噪声排放标准》,加强饮食服务、维修加工、农贸市场、家庭装修及城区街道、广场、公园等公共场所的社会生活噪声控制。加强对旅店宾馆等高档建筑物大型冷暖空调系统的管理,推广使用低噪声设备。禁止旅游娱乐区采用重复式、高噪音的宣传手段,禁止娱乐场所在居民正常休息时间营业。妥善控制服务业与居住区的距离,避免住宅区处于噪声传播方向。加大力度宣传噪声污染对人们造成的危害,控制居民家庭装修装潢噪声污染,控制居民住宅区的家庭音响噪声,积极开展"安静居住小区"创建。

6) 构建风险防范体系

(1) 明确区域风险区划

在风险源识别、危险性物质识别和易损性评价的基础上，建立相关指标体系进行恒北村区域环境风险区划，为实现区域环境风险管理优化提供依据与支持。

环境风险源识别。识别环境风险源，重视污水处理设施等单个风险源；加强对包括有危险车辆通过的公路、桥梁、河流在内的流动风险源的监督；提高对可能引起区域生态承载力和环境承载力下降的区域潜在风险源的管理。丰富和完善环境风险源管理理论研究体系，形成环境风险源管理技术体系，明确环境风险源管理重点，提高管理效率。

危险物质识别。结合恒北村工农业生产的实际情况，利用已有相关统计资料和调研，识别危险物质种类、分布、使用和储运情况，为优化危险物质管理提供依据。重视危险源的装置设备、建筑结构布局、安全措施及周围环境等各种用于防范和减轻事故后果的存在条件。

受体易损性分析。根据区域内风险受体规模、易损性及价值大小，划分成不同等级的受体保护区，其中不仅要考虑受体的现有价值，还必须考虑其未来价值，同时考虑受体规模和易损性随时间的变化。重点关注医院、有历史价值建筑物等受体规模大、易损性高的地区。

(2) 加强环境风险预警

实施环境风险源全过程管理，定期开展风险评估和隐患排查，组织开展环境风险源安全达标建设，落实必要的工程措施，储备足够的环境应急物资和装备。建立应急物资储备点，完善环境风险防范资源调配体系和专业环境应急救援队伍调用机制。配合环保、安监、交通、水利、农业、气象等部门建立环境风险联防联控机制，共同加强环境风险源风险防控管理与应急处置。

（3）完善防灾减灾体系

建立气象、地震、地质、火灾等自然灾害的防御体系，强化事前预警、事中救援和事后恢复的灾害综合处置能力。加强气象、地震、地质、火灾、洪涝和风暴潮等重大自然灾害监测能力建设。推进防灾减灾知识宣传和普及教育，增强人民群众的防灾减灾意识，提高紧急避险和自救能力。鼓励发展多种形式的灾害保险，完善社会救灾重建体系。表8-15为恒北村灾害风险评级表，表8-16为恒北村应急避难场所及说明。

表8-15 恒北村灾害风险评级表

灾害风险名称	强度等级	可能发生时间
水灾	一级	6~8月
火灾	一级	全年
台风	二级	8~9月
雷击	二级	6~9月
道路安全隐患	二级	全年
安全事故	三级	全年

表 8-16　恒北村应急避难场所说明表

避难场所名称	面积	容纳人数
恒北村村部	5 000 m²	2 500
恒北村卫生室	300 m²	100
恒北村梨园广场	800 m²	400
恒丰村村部	1 000 m²	500

8.3.3　生态人居建设

根据习近平总书记对江苏工作关于积极稳妥推进城镇化的指示精神,针对恒北村城乡统筹建设、规划、规模已基本形成的态势,今后将着力推进城乡统筹建设内涵与质量提升,纵深改善人居环境,持续完善全村基础设施和公共服务建设,精心打造"梨园风光、生态宜居、乡村旅游"新恒北。

1) 加大各项基础建设,推进城乡一体统筹

恒北村在统筹城乡发展中,应坚持以规划为龙头,以"梨园风光、生态宜居、乡村旅游"为主题,以"七个一体化"为抓手,全面实施"3+1"工程和村庄环境整治,齐心协力推进城乡统筹发展。

(1) 构建基础交通系统

加快建设布局合理、功能完善、外畅内达、高效节能的综合交通系统。恒北村向现代化新村迈进,提升村域交通承载力是重要的硬件基础。本着差别化发展及与周边协调的策

略，对村内重点发展地段要依据用地布局加大交通设施供给；提高居民点的通达性和道路等级。同时，加强与大中镇、大丰区之间的交通设施衔接，积极融入大丰交通网络。

完善道路骨架路网格局。恒北村西临主要交通干道沈方公路，村内道路形成"横向"恒北公路、大北线、恒北南中心路、恒丰东线、恒丰南线；"纵向"沈方公路、东宁路、三恒中心路、恒泰路的"四横四纵"骨架路网格局。在下一步的城乡统筹发展中，还应继续完善村庄路网体系，合理谋划村庄道路布局，加强村内东西向交通联系，构筑方格网状布局；居住区通过加强道路系统建设，提高道路网络密度。形成主干线高速化、次干线快速化、支线加密化的路网结构，稳步提升路网技术等级和路面等级，提升路网的通达能力。同时完善道路硬化、亮化、绿化工作，设立道路清扫队，每段公路都责任到人，并落实长效管护机制。恒丰村完成长 1 250 m，宽 3 m 道路，设涵管 18 道 $\phi50$，两侧新建八字墙的东匡北线路涵工程；恒丰村太阳能路灯 115 盏、杆高 8 m、功率 150 W、电池板 180 W 的中心路亮化工程。到 2018 年，恒北村继续巩固和完善道路硬化、绿化和亮化成果；恒丰村完成干道农路建设，道路亮化建设工作。

发展高效、便捷、多元的交通服务体系。优先发展公共交通，实现公交进村，合理规划公交线路，采用高可达性的公交支线，满足村内居民内部出行及换乘至干线系统的要求。提高公共交通的运输效率，使公共交通与慢行交通"无缝对接"，倡导绿色交通。提升普通机动车的可达范围，在恒北村四组规划建设公共停车场,满足村民停车需求。

在坚持交通先行、保证城市道路交通功能的前提下,以道路建设带动道路沿线雨污管网、电力、通信等基础设施建设,带动道路沿线环境整治和绿化种植,充分发挥道路的生态、景观功能,使道路建设的效益最大化。

(2) 完善公共保障体系

完善公共服务体系。切实提高社会保障水平,牢牢抓住关系群众切身利益的领域,加大社会保障资金投入力度,建立以社会保险、社会救助、社会福利为基础,以基本养老、社会医疗、最低生活保障制度为重点,覆盖城乡居民的社会保障体系。提高新型农村合作医疗覆盖范围和保障水平,不断完善城乡最低生活保障、分类救助、专项救助等制度,大力推动福利、慈善事业发展。不断提升"世代服务"理念,加快人口与计划生育信息化建设,完成人口早教阵地建设,加快规范化、标准化的计划生育服务体系。同时,要加快保障性住房建设进度,着力解决中低收入家庭的住房困难问题。

继续做好劳动保障工作。重视失地农民保障和新农保工作的日常维护,确保被征地农民的保养金待遇及社会保险等资料及时准确的提供,确保新农保工作的连续性。努力做好失地农民就业和农村富余劳动力的转移工作,促进农民增收,实现农村富裕。新型农村合作医疗保险做到应保尽保,保证覆盖率达100%。

2) 提升乡村绿色品质，构建生态安全格局

(1) 合理布局生态廊道

生态廊道是指具有保护生物多样性、过滤污染物、防止水土流失、防风固沙、调控洪水等生态服务功能的带状区域，主要由植被、水体等生态性结构要素构成。建立生态廊道可为某些物质提供特殊生境或暂息地，增加物种重新迁入的机会，促进斑块之间物种的迁移扩散的功能，是解决当前人类剧烈活动造成的景观破碎化以及随之而来的众多环境问题的重要措施。结合恒北村实际，参考《大丰区生态文明建设规划（2015—2021）》，生态廊道主要包括水、路生态廊道。

水、路生态廊道包括主要河网水系和主要高速公路、公路、城区道路两侧一定宽度的绿化带，在净化水质、阻隔污染、涵养水源、休闲游憩、优化景观等方面发挥着重要的生态功能，同时也可在恒北村水资源平衡和主要交通运输方面起到重要作用。恒北村重点在恒北大道和中心河村庄点为两个主轴，打造绿化、亮化生态景观轴。恒丰村重点在大丰路（恒丰南路段）为主轴，打造绿化、亮化生态景观轴。

公路绿化要突出安全防护和生态效益，通过绿化栽植保障行车安全，降噪、防尘、保持水土、稳定边坡，兼顾景观效应。以落叶大乔木为主，实行常绿落叶结合，重点地段乔灌草结合，树种选择上要重点选择树冠大、抗性强、生长迅速、有滞尘能力的树种。在林木结构上以林荫式为主，配成连片绿带。

河流绿化工程，要将生态廊道建设纳入河渠整治疏浚的

整体工程之中,在治理中统一规划,全面配套沿河绿化,建设高标准防护林带,增强防护功能,搞好水土保持工作,改善沿河的生态环境。要注重选择耐湿性强、生长迅速、根系发达、防护效果突出的树种。同时可把道路、河流绿化工程融入村庄旅游建设之中,建设相应观景长廊、钓鱼台、观景亭等配套设施,凸显恒北的水乡景观特色。

(2) 推进生态斑块建设

生态斑块即为小型绿地接点,通过建设生态节点可改善局部环境,因地制宜地打造村庄亮点。如果说生态廊道构成了区域生态网络体系的"骨架",那么生态斑块就是这个体系中的"器官",不仅对沟通相邻廊道间联系有着关键意义的"跳板"作用,同时对保护和提高生物多样性以及为恢复和保障城乡一体化过程中景观生态过程及格局的连续性、完整性有着重要的作用。

恒北村大的生态斑块主要由生态旅游区、公共绿地和果园产业区组成。这些生态斑块,为鸟类等动物提供栖息地、调节社区小气候发挥重要作用。

(3) 保障土壤生态安全

配合省、市开展土壤污染状况基础调查。重点调查道路两侧等高风险场地、农田区域和重要蔬菜生产基地等涉及民生安全的场地的土壤质量状况。

开展村庄建设用地调查评估。将建设场地环境风险评价内容纳入建设项目环境影响评价,规范建设用地土地环境准入和新增建设用地土壤环境现状调查制度。针对调查评估后存在污染、并需进行土壤修复的污染场地,明确土壤污染、修复和治理责任，可开展污染土壤修复与综合治理试点，保障村内土壤的生态安全。

3）加强人居环境整治，建设生态宜居村庄

（1）深化巩固生态村创建时期环境整治成果

坚持以"六整治、六提升"为主要内容，重点解决生活污水处理率低、村庄垃圾收集处置不完全、畜禽养殖等农业面源污染依然严重等问题，继续做好村庄沟塘清淤、露天粪池整改、道路硬化绿化等工作，稳步提高农村无害化卫生厕所普及率，规范化整治家前屋后乱堆、乱放、乱搭、乱建现象，清理整顿废旧物资回收拆解点，建设污水收集管网，逐步将生活污水的处理向村庄集中居住点延伸。积极采取各种有效措施，不断改善农民生活环境，努力打造现代新农村格局。

（2）健全村庄环境长效管理机制

恒北村成立环境长效管理领导组，具体负责村庄环境长效管理的方案制定、组织协调、督查考核、经费筹集等工作，同时，要呼吁广大村民转变思想观念，关心、支持和参与村庄环境整治，养成良好的环境意识和卫生习惯，树立文明新风、争做新型村民。

（3）完善老村庄整治工程

在创建生态村的过程中，对老村庄进行整治工程：对全村农户房屋实施墙面刷白出新，对老村庄南线 4 400 m 道路实施道路硬化，安装篱笆墙，整治农户家前屋后乱堆乱放；对四组庄点农户家前进行绿化种植，提升村庄绿化水平。同时，完善村口公共绿地、村民健身广场、文化墙、公共停车场等公共配套设施。同时对村便民服务中心进行整体改造提升,实现一站式的便民服务。恒北村应继续完善老村庄整治工程,实施恒北、恒丰水系提升和恒北公园亮化以及恒泰河、斗私河、恒北南线、恒丰中心河生态驳岸等工程,提升村庄环境,成立恒北环卫所,建立沟河长效管理机制。

(4) 提升恒北新村管理水平

恒北新村按照"绿色、生态、宜居"要求,打造"青瓦白墙、错落有致、小桥流水"的建筑风格,依托梨园风光的优美环境,形成生态怡人、功能配套的新农村康居示范区。应继续提升恒北新村管理水平。成立恒北新村美满社区,完善社区组织架构,制定小区管理实施细则,聘请高水平物业管理公司强化小区物业管理。

(5) 加快恒北新村二期建设

恒北新村二期工程建设农民公寓及住宅 3.5 万 m^2,可入住 161 户,目前已全面开工建设。恒北新村二期规划设计由上海电子工程设计研究院设计,有联栋别墅、复式公寓,风格设计上与新村一期保持一致,在户型、配套设施上更加优化,方便各类村民需求。至 2016 年,已完成恒北新村二期工程建设。

(6) 规划恒丰新村建设

恒丰村中部重点加快城乡统筹建设,借助东宁路、春柳路南延及 226 省道建设与恒北新村连接建成美观大方、设施齐全、交通方便、生态宜居新农村试点。

8.3.4 生态文化建设

1) 拓展教育宣传渠道,普及生态文明理念

（1）建设生态文化载体

现代社会是信息社会,要充分发挥各种信息载体的效能来传播生态文化。积极借助村民公园、社区服务中心、主流媒体、网络、社会媒体等在传播生态文化方面的作用;利用社区广场、文化活动中心、健身广场等人口密集区域的宣传栏等,使其成为弘扬生态文化的重要阵地;加强村内公园绿地建设和管理,使其成为滋养、传播生态文化的重要平台。结合生态村建设,加快建设并形成绿色社区、美丽乡村为主体的生态文化宣传教育基地。

构建一个结构合理、发展平衡、网络健全、服务优质的覆盖全村的文艺团队网络体系,以村委会为主导,以社会力量为补充,强化政策引导,完善多元投入,提升人员素质,创新管理举措,有效激发业余文艺队伍的主动性、积极性和创新性。抓好村文艺团队建设,加强文化挖掘广度和深度,由文体站联系周围各村文体委员挖掘辖区内的优秀文化艺术节目和人才,根据本土文化特色进行文艺创作编排,做到群众编、群众导、群众演,形成最终的群众大舞台。

（2）普及生态文化知识

加强党政生态文明教育。将生态文明建设相关内容纳入

村内党员干部培训课程之中,定期聘请专家举办生态文明讲座,提高政府决策者和工作人员对生态文明内涵的理解和认识;定期在各村委部门内部举办生态文明学习活动,并举行实地的生态文明参观、学习和实践,建立良好的生态文明交流机制;编制、印刷和散发生态文明宣传读本,将生态文明融进党风政风中。

开展社区村民生态文明教育。加强对村民等基层群众的生态文明教育和科普宣传,设立环保宣传栏、建立环保宣传监督站、环保宣传画进楼道、招募环保志愿者等,让居民举手投足皆环保。鼓励社区民众参与"绿地认养""一水多用""大型亲子户外生态教育活动"等生态环保实践,在实践中提高居民的环保意识。

(3) 加大生态文化宣传

结合世界水日、地球日、环境日、海洋日、国际湿地日、生物多样性日、保护臭氧层日等重要主题节日,运用人民群众喜闻乐见的形式,以群众最关心、最直接的权益为切入点,广泛深入开展主题鲜明的宣传教育活动。充分利用报纸、杂志、广播、电视等传统媒体和互联网、手机短信、微博、微信等新兴媒体,通过专栏、专题报道以及文学、戏剧、电影等形式,全面、深入、系统地传播生态文化的丰富内涵和科学知识,宣传恒北村的生态文明建设工作进展及亮点。继续开展恒北村"三送工程"活动,举行大型文艺演出,开展"生态恒北"书画、摄影展,把生态文明宣传教育纳入这些活动中,带动全村生态文明意识的提升。

2) 引导俭约绿色行为,倡导低碳生活方式

(1) 推行绿色消费模式

村委会带头推行绿色采购。村委会要将节能减排作为机关工作的一项重要任务来抓,树立节约意识,践行节约行动,做节能减排的表率。推行村委绿色采购,科学制定绿色消费产品采购指南,将绿色采购纳入村委采购管理办法,明确村委优先和强制采购的产品类别,指导村委机构采购节能环保产品。逐步提高节能节水产品和再生利用产品比重,不断扩大节能和环境标志产品政府采购范围。建立节能和环境标志产品村委采购评审体系和监督制度,保证节能和绿色采购工作落到实处。

乡村居民开展节约减排行动。引导村民转变消费观念,在追求生活舒适的同时,注重节约资源和能源的可持续消费。鼓励村民购买使用节能节水产品、节能环保型汽车和节能省地型住宅,购买能源利用率高的产品,减少使用一次性用品,限制过度包装,抑制不合理消费。鼓励公众选购有绿色标志的无公害食品,提倡健康、节约的饮食文化,倡导文明节俭的婚丧嫁娶行为活动,让绿色消费贯穿日常生活的方方面面。

(2) 推行绿色出行方式

深入实施"公交优先"战略。大力改善公交网络,确立公共交通在村镇交通中的主体地位,充分利用公交设施支撑乡村交通发展,提高公共交通服务质量。建立完善的自行车交通系统,在全镇主要道路配套建设完善、便捷、安全的自行车

通道,在各类公共场地配套建设自行车停车场,大力倡导自行车出行方式。大力建设以适应步行出行方式为主的生态林荫绿廊,并与文化活动中心、村民公园等生态斑块进行有机串连,吸引人们以这种利于自身健康同时也实现了以零排放为目的的方式出行。

强化绿色交通的宣传推广。村委会应举办宣传讲座,倡导买车族选择燃油经济性较高和符合排放标准的车辆,教导有车族如何定期维修车辆、选择机油、确保减少汽车油耗,为环保做出贡献。开展城市道路和公共交通规划咨询以及车辆尾气和噪声污染、公共交通服务、道路安全等系列主题宣传,利用定点展示图板,印发宣传图册等多种方式大力宣传绿色交通理念,提高公众对绿色交通的认识,使公众自觉采用步行、自行车、电动车和公共交通等绿色交通方式出行,以大幅减少交通堵塞及交通污染,推动绿色交通发展。

（3）提倡低碳生活方式

推进社会节约用水。加强农业节水工作,大力发展设施农业、现代农业,创建"高效农业示范园""节能灌溉示范园"。加强供水管网的检查、维修、改造、更换力度,进一步降低供水管网漏失率,推广使用节水新技术、新工艺、新设备,重点抓好村委会、宾馆、医院等公共用水单位的节水型器具推广和使用工作。积极开展节水型机关、企业、社区创建活动,形成全社会节约用水的良好氛围。

开展绿色办公,推动办公建筑节能监管体系建设。提倡自然采光办公,进行办公室照明系统节能改造,鼓励使用节电型照明产品,全面淘汰白炽灯,逐步淘汰高压汞灯。村民服务中心严格执行夏季空调和冬季取暖室内温度最低和最高标准。严把节材关,合理配置办公设备及用品,对纸、笔等必要耗材明确标准,提倡双面用纸,降低纸张消耗。大力推进办公自动化系统建设,推行网上办公,各类文件尽可能实行网上发送。提倡无纸化办公,严格控制文件印刷数量,注重纸张的回收再利用。加强办公用品采购、使用、报废全程管理,对领用物品严格造册登记,建立台账,并逐步淘汰高耗能办公设备。组织大型会议和集体活动,根据实际需要摆放不同容量的瓶装饮用水,村委会内部开会提倡自带水杯,减少使用一次性纸杯和瓶装纯净水。

倡导健康生活习惯。重点推进生活垃圾分类收集进程,培养村民自觉养成垃圾分类的行为习惯。严格执行"限塑令",倡导消费者自觉减少或不使用塑料购物袋。推广使用高科技环保型建材,提倡适度装修。组织开展形式多样的低碳生活宣传活动,引导广大村民自觉从自己的生活习惯做起,从生活中的点滴做起,践行勤俭节约传统美德与低碳生活方式,最大限度地控制和减少个人的碳排量,在全社会形成共谋良好生态文化的氛围。

3) 重视生态文明创建,培养生态文明细胞

以创建国家生态文明示范村为抓手,积极开展各类生态文明创建活动。建设生态农业园,开展生态养殖、绿色产品实践,增加主要农产品中有机、绿色食品认证及种植面积的

比重。

积极开展美丽乡村建设,对照国家印发的《国家生态文明建设示范村镇指标(试行)》,开展国家生态文明示范村创建。积极推动绿色企业、绿色机关、绿色社区、绿色医院、绿色饭店、绿色商店、绿色家庭等"细胞工程"建设,通过生态文明细胞的培养,构建起一个多层次的生态创建大格局,创造更多的生态文化品牌,建成天长蓝、地长绿、水长清、经济长发展、人民长幸福的新恒北。

8.3.5 生态制度建设

1) 转变执政决策理念,建立政府责任制度

推进生态决策。强化环境保护的源头控制和综合管理职能,把参与制定发展战略和规划作为落实生态文明创建的重要抓手,把环境功能区划、总量控制、环境容量作为区域和产业发展的决策依据,科学指导开发布局。制定国民经济和社会发展计划规划时,要把环境与资源的承载力作为要素参与综合平衡;在制定产业、投资等重大经济政策时开展环境影响评估。落实规划环境影响评价制度,土地利用规划、村庄总体规划、农业、畜牧业、林业、能源、水利、交通、村庄建设、旅游、自然资源开发的有关专项规划,都必须在规划编制过程中开展环境影响评价。

创新考核机制。在政绩考核中引入公众参与机制,将村

庄环境的保护和治理情况等指标纳入政府绩效和干部发展政绩考核中并作为干部政绩评定、选拔任用和奖惩的主要依据之一。实行生态文明建设的目标责任制,将生态文明各项任务的完成情况安排到人。建立问责制度,对因行政不作为或作为不当,未完成生态文明建设任务的单位和个人实行问责。因决策失误造成重大环境事故的,按照有关规定追究地方、单位和个人的责任,对在生态文明建设中作出突出贡献的单位和个人予以表彰和奖励。

2) 保障公民合法权益,建立公众参与制度

保障公民知情权益。恒北村应设立专门的环境信息公开栏,让公众了解本村环境质量状况、重大污染治理项目、政府新出台的环保经济政策、环境信访热点、绿色社区创建以及有机食品基地环境质量状况等百姓关心的环境信息,保障公众的知情权和监督权。同时还要不断加强信息公开的广度和深度,加强有关部门公开信息的能力建设,保证信息透明化,公开制度化,利用信息手段来保障和推动公众参与机制作用的发挥。

建立公民表达机制。通过让公众参加环境保护方面的活动,增加对环境状况的了解,并通过适当的方式表达自己对环境状况的评价和意见,从而实现对环境事务的参与。建立健全恒北村环境保护与生态文化建设的听证制度,对切实关系恒北村民众生态环境权益的规划或政策措施以论证会、听证会等形式,召集有关公众深入论证。

建立健全公众参与机制。对生态文明建设的重大决策事项实行公示和听证,充分听取群众意见,确保公众的知情权、参与权和监督权。恒北村各类企业要自觉遵守资源环境法律、法规,主动承担社会责任。畅通公众诉求渠道,接受公众监督,形成社会普遍关心和自觉参与生态文明建设的良好氛围。

建立健全环保监管员制度。在现有环保监管员工作的基础上,要形成制度化的长效机制。在社区设置环保监管员,实现环境监管全覆盖。对环保监管员进行岗前培训,就环保监管职责、环保宣教、新农村建设、环保政策、环境信访调处等内容进行集中学习,实现持证上岗。同时,成立社区环保办公室,为每名环保监管员订阅相关报刊,使他们在今后的工作中,充分发挥自身熟悉辖区情况的优势,做好环保法律法规的宣传和村庄环境的监督工作。

8.4 重点项目与投资

按照"工作项目化、项目目标化、目标责任化"的要求,编制恒北村生态文明建设规划重点工程,并纳入国民经济与社会发展规划并同步实施。根据创建需要,将重点建设工程对照基本条件和量化指标分为核心型和深化型两类:核心型工程针对尚未达标的基本条件和量化指标,要求近期实施完成;

深化型工程针对纳入指标且已达标需要巩固、深入的量化指标,或未纳入指标体系但对生态创建和生态文明建设有所帮助的指标,要求近期推进,远期完成。

8.4.1 重点项目

重点工程项目对于恒北村生态文明示范村建设的开展具有先导性、关键性和基础性的作用。本规划根据恒北村自身特色,结合已有的发展基础和相关建设计划,提出五大类 40 项工程,共需投资 97 035.5 万元,以期通过这些工程的建设,将恒北村建设成为生态文明的先行区和示范区。

(1) 生态产业文明工程

主要包括生态农业建设、生态旅游服务提升、农业产业链延伸三大领域,共计 13 项工程,所需投资 8.314 亿元。

(2) 生态环境文明工程

主要包括清水工程、蓝天工程、宁静工程、固废综合整治工程、农业面源污染整治过程五大领域,共计 13 项工程,所需投资 168 万元。

(3) 生态人居文明工程

主要包括基础设施建设、生态安全工程、美丽家园工程三大领域,共计 7 项工程,所需投资 13 690 万元。

(4) 生态文化文明工程

主要包括生态文明细胞创建、生态文明宣传工程两大领域,共计 3 项工程,所需投资 25 万元,主要依托恒北村生态环保投资。

（5）生态机制文明工程

主要包括生态文明制度构建、人才队伍建设工程两大领域，共计4项工程，所需投资12.5万元，主要依托恒北村生态环保投资。

8.4.2 效益分析

村庄是一个自然—社会—经济复合生态系统，生态村建设目的是努力实现经济现代化、社会和谐进步和生态环境良好三者之间的良性互动。通过生态村建设工程全面实施，实现经济、环境和社会效益的协调可持续发展。

1）经济效益

对生态规划建设的经济社会效益的评估主要体现在财富的积累和社会的安定、文明与进步以及经济社会的可持续发展等方面，从整体上看，通过开展和实施生态农业、生态服务业建设等规划工程后可获得十分显著的经济效益。投入到绿化、基础设施建设、资源保护等建设项目的资金，使恒北村的品位和形象从整体上得以提高。

促进产业结构优化。按照规划目标，重点工程建设运行后，恒北村"一心三轴四片区"的空间布局会更趋合理，产业结构会不断优化，以生态农业为核心，生态旅游为新增长点的产业布局，能够在逐渐提高村民收入的同时，保护和美化自然环境,实现"既要绿水青山,也要金山银山;绿水青山就是金山银山"的生态发展方式。

突出生态农业特色。按照规划目标,通过千亩林果示范基地建设,充分放大产业特色,逐渐向周边区域扩展果树、苗木,形成万亩果品苗木种植基地。同时紧紧依靠"互联网+农业"战略,完善物联网建设,扩展网络营销渠道,大力招商引资,打造果品深加工和现代化物流基地。

增添生态旅游活力。通过美满一号温泉酒店、农耕民俗文化园、恒北果品苑等项目的建设,不断丰富旅游内容,提升"恒北恒美、梨缘天下"的旅游品牌号召力。加强与国内知名旅游公司合作,提高对旅游队伍的管理和培训,完成"厕所革命",完善和提升旅游服务。为创建省五星级乡村旅游点奠定基础,成为集生态、旅游、观光、休闲、娱乐于一体的城市后花园。

农民增收致富。通过生态示范村建设项目的实施,能有效提高村民收入。通过果品生产合作社,统购统销,增加产品附加值,通过物联网建设,扩展产品销售渠道,增强产品竞争力;通过大力引进果品深加工企业,有助于农村剩余劳动力的就业;通过大力发展农家乐等旅游项目,有助于村民发展副业,在农闲时增收致富。通过生态示范村的创建,恒北村村民收入将获得稳定提高,有望赶超苏南水平。

村庄经济发展。通过生态示范村建设项目的实施,将大大增加恒北村的投资需求,特别是在农业、旅游服务、生态居住等方面的投资需求,良好的生态环境将使恒北村成为大中镇乃至大丰区内最适合居住的地区之一,吸引其他地方居民在恒北村置业,提高区域的地产价值和促进本地商业、服务业的高速发展;另外,建设绿色食品及生态农业生产基地、推广农业节水灌溉技术的建设,带动相关产业的发展,带动当地的消费市场,增加就业机会,扩大内需,从而推动当地社会经济的快速发展。

2) 环境效益

环境生态效益的评估主要体现在大气、水等环境质量的改善和生态平衡、生物多样性保护与自然增值等诸多方面,规划的实施,提高了区域环境质量,改善了村庄面貌,为村庄居民的休憩提供优美的场所。同时,建立了生态安全格局,维护了区域生物多样性,从而为区域经济社会可持续发展提供重要的保障和支撑。通过生态建设,维护了生态平衡和环境优美,造福自己,还不损子孙后代的利益,达到了可持续发展的要求。

农村人居环境改善。通过重点项目的实施,将有效改善村民的人居环境。通过"六整治、六提升",加强对旧村的亮化工程,整治村前村后乱堆乱放问题;完成恒北新村一期的物业提升工作和恒北新村二期的建设工作;完善村内停车场、居民健身中心、图书馆、村民公园建设,配套完善相关基础设施;完成道路硬化、绿化、亮化工作,河流疏浚、生态驳岸工作。通过这些工程的实施,恒北村人居环境将得到显著改善,成为"河清、岸绿、路净、院美"的宜居家园。

面源污染防治。通过对面源污染控制工程的实施,减少农药、化肥的使用,实施测土工程,增施有机肥,增加经济绿肥种植面积,推广秸秆还田技术,推广使用商品有机肥、有机-无机复合肥;推广使用生物农药和高效低毒低残留农药;规范化、规模化发展畜禽养殖,恒北村面源污染问题会得到有效解决。

通过各项基础设施的建设和完善,积极推进城乡一体统筹,加强村庄环境整治,合理布局绿地建设,使生态廊道的连通性大幅增加,生态环境明显改善,环境承载力明显增强,实现人居环境人性化、舒适化和自然化,实现区域经济与环境、人与自然协调发展,基本建设成环境优美的现代化新农村。

3) 社会效益

社会效益的评估主要体现在财富的积累,社会的安定、文明与进步以及经济社会的可持续发展方面,通过生态示范村的建设,社会建设成效显著,社会保障水平和服务能力将不断提升,城乡实现联动发展,居民收入将不断提高。

村庄管理效益。通过生态环境建设项目的实施,将进一步提高恒北村的区位优势,促进社会、经济的进一步发展;通过完善社区物业管理部门、培训和提升旅游管理团队,完善村民服务中心的功能,将逐步提升村庄的管理效益。

乡风文明提升。通过政府、企业、学校、社区的生态文化知识普及、宣传、培训等重点工程,促使恒北村村民的传统生产、生活方式及价值观念向环境友好、资源高效、系统和谐、社会融洽的生态文化转变,引导人们形成健康、文明的生产消费方式,村民生态素质逐步提高,生态意识不断增强。通过生态环境建设项目的实施,将不断提高村民的生态意识、环境意识和文明意识,提升乡风文明。

提高恒北村竞争力。恒北村通过生态产业、生态环境、生态人居、生态文化和生态制度五大工程,积极推进生态文明建设。通过发展生态农业、生态旅游,跨越发展服务业,提高恒北村市场竞争力以及经济地位;通过生态环境整治和建设,完善各项生活设施,打造良好的居住环境,提升区域人气;通过建设生态文化和生态制度,打造恒北村区域竞争软实力。

第九章 技术施工案例：大丰恒北村示范工程

该示范工程位于盐城市大丰区大中镇恒北村，具体位于恒北村大沈路东侧，北临恒北农耕文化园，附近河网纵横，是典型的大丰地区的农民住宅区域，农房屋前屋后即是农业果园。对示范区内的农房改造，同时考虑住宅与生产的协同，以提高农民的生活舒适性，并优化其与生产相关的交通、储藏、作坊等生产生活设施，使得当地的生产生活一体化，改善乡村农房生活生产状态。

9.1 施工要求

9.1.1 乡村空间肌理、功能区布局及服务设施规划

针对长三角地区乡村聚落空间形态特点，基于区域地理

环境特征、历史人文积淀与遗存,综合考虑示范村庄体系与交通规划建设、城乡间的时空距离、交通便捷程度,同时为彻底改变现有乡村功能布局混乱、主题特色不明、商业体系不健全、特色项目匮乏的局面,在不破坏原来乡村空间肌理前提下,提出"功能聚合、土地集约、业态健全、亮点突出、生态和谐、文化汇聚、效益倍增"的乡村可持续发展的功能区布局及服务设施规划和调整的对策和建议。

通过规划的制定和实施,优化恒北村空间结构,体现恒北村的功能、文化和特色差异,合理布局乡村住宅用地和产业空间,统筹安排乡村基础设施和公共服务设施,严格保护乡村禁建区和生态环境,实现"以第三产业带动第一产业"转型升级,将乡村打造成国家级生态旅游示范村和全国新农村统筹城乡发展的典范,以"绿色、生态、环保、和谐"的新景象打造成为社会主义新农村基地。

9.1.2　乡村特色种植、特色景观规划

以农村田园景观、农业生产活动为景观旅游吸引物,开发农乡游、果乡游、渔乡游、水乡游等不同特色的农业景观旅游活动。以乡村聚落及其周边自然环境为背景,以农业种植、耕作等为本底,结合农业景观特征、人文历史与地域特色,提出农业景观营造与规划的对策和建议(图9-1)。

以农村田园景观、农业生产活动为景观旅游吸引物,开

图 9-1　乡村景观

发农乡游、果乡游、渔乡游、水乡游等不同特色的农业景观旅游活动。

以农村风土人情、民俗文化为旅游吸引物，突出农耕文化、乡土文化和民俗特色，将农耕展示、民间技艺、时令民俗、节庆活动、民间歌舞等旅游活动，融入到民俗风情特色旅游规划中。

9.1.3　乡村居住与特色农业融合

依托花卉、盆景、苗木、桩头生产基地等，开发乡村旅游，利用农民自家庭院、自己生产的农产品及周围的田园风光、自然景点，以低廉的价格吸引游客来吃、住、游玩、购物等旅游活动，将农家乐旅游规划融入到现代农业景观规划中，开发农家园林型、花园客栈型、观光果园型农家乐模式。

将融合乡村风格的特色果园、特色景观等旅游吸引物分散地设置在农民居住区中，并通过引导道路、连接河网将果园和农业景观整合起来,提出农民居住区与特色农业共同融为乡村观光休闲旅游整体之中的规划建议。

结合恒北村实际乡村聚落及其周边自然环境特点、交通建设布局和乡村特色农业情况,详实地对乡村功能区布局及农业景观进行了分析,提出规划设计和应用注意要点,形成一套科学合理、切实有效、具有农业景观特色的观光休闲型乡村技术体系。

9.2 示范基地布局及特色

9.2.1 乡村空间肌理、布局规划

充分利用和发挥恒北村早酥梨种植等特色农业优势,按照统一部署、全面规划、因地制宜、突出重点、分步实施、整体推进的原则,在盐城市社会主义新农村建设试点村的基础上,进一步提出将恒北村建设成为规划科学、布局合理、村容整洁、宅边路旁绿化、水清气洁,具有农业景观特色的观光休闲型乡村的规划方案。

1) 村域产业布局规划

经过前期调研,恒北村划分为东部生态观光区、中部生活聚居区、西部乡村农事体验片区等3个功能区域

（图9-2）。

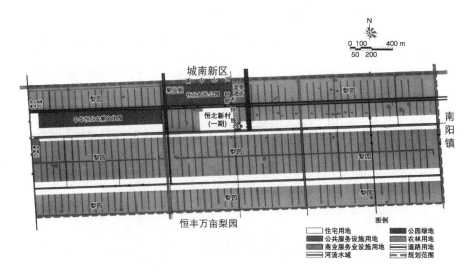

图9-2　乡村产业布局规划

东部生态观光区建设了梨园风光早酥梨采摘园。中部生活聚居区建有以党群服务中心为核心的恒北村便民服务中心，集休闲、观光、娱乐为一体的梨园风光主题公园，恒北村北入口东宁路东侧的果品苑，温泉酒店（建设中）。恒北新村集中居住小区，并建有恒北春秋酒店、美满人家宾馆、民宿、农家乐等公共配套设施，同时配套了道路、管网、绿化、亮化、微动力污水处理等基础设施。西部乡村农事体验片区主要建成西入口游客接待中心，正在建设中的中华恒北农耕文化园、果品体验中心（一期）。

根据恒北村现有资源状况及发展要求，规划形成"一心、两带、三轴、五片区"的布局形态。

一心：即以村委会及其周边的村公共服务中心、恒北村民公园公共活动中心。

两带：由沿河老村庄改造成的两条民俗农家乐体验带。

三轴：以恒北大道、东宁路、春柳路为纽带的三条发展轴。

五片区：乡村农事体验片区、果品体验中心区、梨乡风情展示区、恒北新村居住片区、果园种植片区。

2）耕地等自然资源保护规划

为了恒北村城乡统筹建设提升和适应乡村旅游活动开展，逐步将传统农业观光的空间布局转变为以农业景观为特色，以农业体验为核心的乡村旅游新格局。规划以现状的开发建设条件综合评价为基础，增加对发展区域的判断，将恒北村规划区范围划分为禁建区、限建区、适建区三大部分。

禁建区：由于恒北村的主要收入和景观特色均要依托于果园种植产业，在遵循农田保护的要求下，禁建区仍为果园产业区，面积不变，采取措施保持水土，提高产量和果品质量。

限建区：恒北村乡村旅游的两区两带分布在这个空间内，保护与开发并重的前提下，生态旅游区为恒北村东西的锦绣果园、梨园风光两个部分，其中锦绣果园以农事体验和果园采摘为活动项目，梨园风光以梨园风光观赏和休憩为开发项目。沿河道的老村庄改造风情展示带，在保护河道和两岸绿化的同时修建自行车及游步道，两岸设座椅和零售摊点。

适建区：城乡统筹及乡村旅游大型建设项目集中在适建区内，为保证建设的效率和质量，分步骤完成恒北村城乡统筹建设，适建区分为优先发展区和重点发展区。优先建设恒北果品体验中心(果蔬超市等),配套恒北综合服务中心。重点打造恒北旅游核心区,串联吃、住、行、游、购、娱六大要素,从旅游品牌和环境优化上提升恒北村的形象。

3) 村域公益性公共服务设施、基础设施配套规划

恒北村村域公益性公共服务设施以党群服务中心为主要载体,根据当地经济社会水平和发展需求,合理配套政务民生、文化体育、养老托幼等公共服务设施。其他公共服务功能主要依托镇区和中心城区。并结合恒北村旅游景区、景点分布和旅游交通组织,加强乡村旅游服务设施建设,适当提高公共服务设施级别。

4) 村域综合交通规划

① 外部交通

大沈公路从村域西部经过。恒北村距离大丰中心城区较近,城区的东宁路、春柳路均已接入恒北村内,且这两条路规划向南延伸至恒丰南侧的新226省道。

② 村域内部交通

道路系统采用方格网状路网结构。规划道路分为三个等级,即主干路、次干路、支路。主干路为穿越规划区的主要道路,也是对外联系的主要道路。规划形成"一横两纵"的布局形式。

9.2.2 梨园特色种植、特色景观规划

根据江苏苏北地区地理、生态环境综合因素和恒北村特点,形成江苏苏北区生态果乡景观特色,梨园果树连片拓植,形成规模优势和自然生态优势。以恒北村为中心,依托早酥梨产业优势,向周边村辐射,形成连片生产,形成区域农业景观特色。

立足于恒北村已有的梨树资源,利用现有的梨树风貌,对部分道路、水系进行改造,在不破坏梨园生态环境的前提条件下,规划提出增加梨园文化、观景长廊、休闲农家乐等旅游娱乐设施,开发农村生态旅游产业,带动新的经济增长点。

1) 挖掘特色文化内涵,做足"梨"文章

建设以特色果品产业为主的专业村,结合恒北土地资源打造万亩梨园,结合早酥梨标准化建设工程,规划建设早酥梨专业合作社相应的配套设施。

2) 发展乡村旅游,打造"梨苑天下"旅游品牌

恒北村具有良好的自然生态环境,全村一级农田保护区4 160亩,果园面积占3 800亩,是全国最大的早酥梨商品生产基地之一,观赏性很强,非常适宜于乡村观光和休闲。村庄四周水系通畅,中心河两岸实施生态驳岸,两岸绿化已经完成,

适合开展休闲娱乐旅游项目。

9.2.3 乡村居住与特色农业融合

基于恒北村目前及规划的旅游资源状况,提出一条重点的乡村观光休闲旅游线路:

1)"大丰麋鹿自然保护区-生态果园-恒北梨园新村居住区"

以大丰麋鹿自然保护区发挥生态示范的作用,紧紧体现生态自然,展现乡村特色、恒北梨园新村的新面貌,推广住宅式的节能、节水型设备,突出果林观光资源,大力加强旅游资源的综合开发及旅游基础设施建设,形成恒北居住区与特色农业融为一体的乡村观光休闲旅游产业。

2) 农家客栈

结合恒北新村建设规划,预留三十多套建筑用作农家客栈。农家客栈共分三层:一楼特色餐饮,提供地方农家美食,大厅可容纳30余人,另设雅致包厢两间;二楼、三楼别致住宿,尊享乡村宁静夜景,配备现代化标准服务配套设施,每套可满足16人入住,服务于渴望"回归田园"的乡村度假人群。

3) 民俗农家乐

对居民聚居带进行风貌整治、资源优化、合理布局,最终走向和谐共生,改造成为集民宿、农家乐为一体的民俗农家乐体验带,展现纯正的恒北乡村风情。

乡村特色种植和景观规划的同时,在满足农业为本底,需要充分有机融合到周边自然环境并体现出本地人文历史特色。

乡村居住与特色农业融合规划考虑时,需要充分利用周边河网将果园和农业景观整合起来,让农户能参与到整个乡村观光休闲旅游之中,推动多方位多角度模式的观光休闲方式,同时整体上与乡村的生产生活及环境相融合。

9.3 生产生活协同改造具体施工情况介绍

结合现代乡村生活特点、乡村服务设施特点和自然地理条件,对农宅居住、休闲、劳作和储存区域等进行空间优化配置,在原有农宅院落基础上,改造农房结构,使其拆旧立新,统一化设置专放农具的房屋结构,与起居农宅构建为一体,并对农宅在安全性、节能性和宜居性上进行提升改造,使农房满足农民日常起居、停车、生产资料存放等多种要求。新增集农业观光旅游、生态旅游、休闲度假为一体的"农家乐"旅游等服务设施,并通过农耕活动、农产品采摘及烹饪等亲身体验活动,达到了提高农民收入和增进城乡居民的感情交流的目的。开展适宜长三角快速城镇化地区的乡村农房生活生产协同优化设计技术和集成应用研究。

对农村住宅进行设计及优化。将建筑高度、面阔、进深,门窗的位置、尺寸,屋面、墙面的尺寸、材料、颜色等数据录入CAD制图软件。通过更换、协调、统一外墙面色彩,重新粉刷墙,增加外贴干挂修饰墙柱、线角等,统一整体形象,为生活生产实现一体化共生共赢提供基础。

9.3.1　乡村生活生产协同布局

结合现代乡村生活特点、乡村服务设施特点和自然地理条件,对农宅居住、休闲、劳作和储存区域等进行空间优化配置。村庄手工业、加工业、畜禽养殖业等产业宜集中布置,以利于提高生产效率、保障生产安全、便于治理污染和卫生防疫。研究当地乡村生活和生产的协同发展的策略,为生活生产实现一体化共生共赢提供方向。

9.3.2　乡村农房生活生产协同优化设计技术

首先,乡村农房生活生产协同优化是区域经济一体化的重要组成部分,是乡村产业拓展的必然趋势。其次,基于共生理论的概念和内涵,对乡村生活和生产的共生关系进行了分析。再次,就当地乡村农房生活生产现状存在的问题如何解决及如何实现一体化协同发展进行了探讨,提出了该区域乡村生活生产的一系列优化措施。最后,研究了当地乡村生活和生产的协同发展的策略,为生活生产实现一体化共生共赢提供方向(图9-3)。

图 9-3　改造后生活生产协同农房

9.3.3　农房生活生产协同优化设计的思路

针对恒北村的现场工程建设,首先现场勘查,测量了数据,包括道路宽度,房屋的总面宽和总进深,房屋和道路的距离,门窗的形式和位置、屋顶的样式颜色等。详细测绘,包括详细的住宅、道路、环境的尺寸、关系、样式、现状评估等,并且将建筑高度、面阔、进深,门窗的位置、尺寸,屋面、墙面的尺寸、材料、颜色等数据录入CAD制图软件。通过更换、协调、统一外墙面色彩,重新粉刷墙,增加外贴干挂修饰墙柱、线角等,统一整体形象,展示农耕文化。根据测绘和计算,对需要改造的8户做了具体统计,包括户主姓名,房屋的照片和测绘数据,需要改造的内容、规模,需要购买的门窗规格、数目,以及造价估算等。

图9-4 生产协同农房效果图(一)

对乡村生活和生产的共生关系进行分析,就当地乡村农房生活生产现状存在的问题如何解决及如何实现一体化协同发展进行了探讨,提出该区域乡村生活生产的一系列优化措施。

9.3.4 农房生活生产协同优化设计的内容

结合当地自然条件、经济社会发展水平、产业特点等,保护村庄地形地貌、自然肌理和历史文化,引导村庄适宜产业发展,尊重健康的民俗风情和生活习惯,注重村庄生态环境的改

图 9-5　生产协同农房效果图(二)

善,突出乡村风情和地方特色,充分听取村民意见,尊重村民意愿,积极引导村民健康生活。

图 9-6　生产协同农房效果图(三)

通过对农房的改造,满足了住宅良好的采光、通风,冬季日照良好,夏季保持自然通风;充分发挥有效的住宅使用面积,避免交通迂回等使用面积的浪费,保证厅堂、居室的基本使用空间;充分考虑院落布局,用院落解决部分储藏等次要功能布局,降低居室面积,节约总体建筑成本;注重乡土文化以及民间风俗,材料选择尽可能当地化,利用地方优势资源,降低建设成本;建筑形式符合当地文化特色,整体风格统一,成为了附近农耕文化园的良好背景衬托。同时,引进新技术,建设符合农民切身利益的生活模式,完成综合规划整治环境、民居改造、设施配套建设等,引导农民树立健康的卫生习惯和生活生产模式,将农村生产与农村生活有机地协调统一,全面建设"生产发展、生活宽裕、乡风文明、村容整洁、管理民主"的新农村。

图 9-7　生产协同农房效果图(四)

乡村农房外观改造设计时,需要充分考虑周边自然风格,保证整体形象的统一性原则。乡村农房的生活和生产协同功能兼有设计时,需要征求每位用户的意见,前期必须做好农户生活和生产习惯调查。结合现代乡村生活特点、乡村服务设施特点和自然地理条件,对农宅在安全性、节能性和宜居性上进行提升改造,使农房满足农民日常起居、停车、生产资料存放等多种要求。

9.4 满足景观需求的乡村水系整治技术

根据乡村水系整治的需求,通过河道清淤、沟通疏浚、边坡整治方案,解决区域内部分河道阻断、水系不通的问题和路面径流污染中心河水体的问题。开展适宜长三角快速城镇化地区的满足景观需求的乡村水系整治技术和集成应用研究。

对乡村水系的起源和发展进行归纳、总结,对水系水网绘制详图。在参考已有的乡村水系规划设计基础上,对相关概念进行明确,归纳总结水系在发展过程中形成的整治规划以及相关理论(图9-8)。

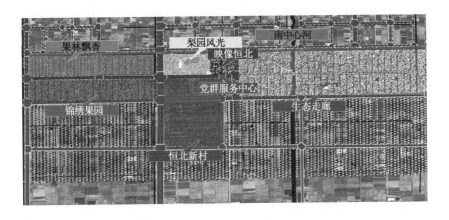

图9-8 大丰市恒北村原规划

实地勘测了主要河道的宽度、距离、位置等(图9-9)。

图 9-9　大丰市恒北村规划前原貌

根据区域内部分河道阻断、水系不通的问题,以及路面径流污染中心河水体的问题,对方案进行优化设计(图 9-10)。

图 9-10　规划设计方案

9.4.1　乡村水系沟通整治

在恒北村东宁路与大沈路之间的中心河两侧和恒北农耕文化园内,由于该区域内部分河道阻断,致使区域内水系不通,同时,中心河边坡常年遭受大量雨水冲刷,致使路面径流污染中心河水体。整治水系首先要清淤疏浚,将严重堵塞的部分河道恢复,局部的池塘小河通过提升泵等措施与整个水系流通。

9.4.2 乡村水系边坡整治技术

区域内河道沿岸硬质护岸占90%,自然护岸占10%。岸坡硬质化过度严重破坏了原有的生态系统,使得水体的自净能力大幅下降,而部分自然岸坡水土流失严重。

边坡整治以绿色生态技术为主,在两侧道路边缘,建设具有生态修复功能的生物滞留池,避免硬质护坡,道路两侧基坑采用小型挖掘机开挖,配合人工整修,并辅助添加沙石填料,填料为砾石和砂砾约 500 m³。填料从上至下为:砾石(5 cm)—砂砾(10 cm)—砾石(5 cm)。

此外,在生物滞留池的边缘处安装塑木栏杆,在中心河两侧铺加草坪植被,选择适合当地的植物进行护坡,同时美化环境。

9.4.3 乡村河道底泥原位修复技术

河道清淤虽然对水质能起到立竿见影的效果,防止底泥内源污染物的释放,但是清淤会同时带走河底的植物和微生物,破坏河床微生态系统,清淤后需进行河床原位修复。在河床微生态系统中,微生物发挥着重要作用,首要恢复微生物活性和正常功能,工程采用投加微生物修复剂的方法来迅速修复被破坏的微生物群落。

9.4.4　示范工程概况

该示范工程位于盐城市大丰区大中镇恒北村。恒北村位于江苏省盐城市大丰区南郊,是国家级生态村,是全国最大的早酥梨商品生产基地。该工程位于恒北村东宁路与大沈路之间的中心河两侧和恒北农耕文化园内,由于该区域内部分河道阻断,致使区域内水系不通,同时,中心河边坡常年遭受到大量雨水冲刷,致使路面径流污染中心河水体。

中心河位于江苏省盐城市大丰区恒北村(五排三匡格局中的四排河),东起新跃河,西至西子午河,全长 3.7 km,如图 9-11 所示。工程整治范围为东宁路与大沈路之间中心河水系沟通工程,如图 9-12 所示。拟将恒北农耕文化园内部分阻断的废弃河道,疏浚后与中心河连通。

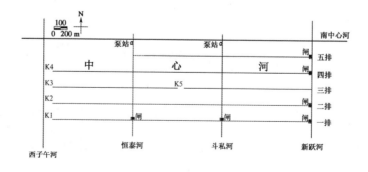

图 9-11　恒北村五排三匡水系格局

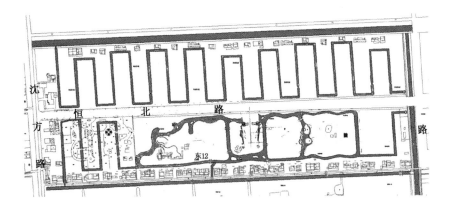

图 9-12　水系沟通与河道清淤平面图

示范工程主要包括:恒北村东宁路与大沈路之间中心河水系沟通工程和恒北村五组东宁路西侧中心河边坡整治工程,共两项主要工程。

(1) 水系沟通工程

水系沟通。东宁路与大沈路(方大线)之间中心河清淤1.3 km,中心河北侧与恒北农耕文化园内河道沟通和清淤0.8 km,共计2.1 km。在东宁路东侧恒泰河拟设提升泵,以便于水系流通。

图 9-13　水系沟通与河道清淤示意图

河道清淤。本工程拟采用河道清淤挖掘机进行土方开挖,东宁路与大沈路之间中心河拟采用水力冲挖机组清淤。清淤后的淤泥堆放在恒北农耕文化园东部的废弃河沟(K3北侧)中干化,用以填平。清淤及淤泥运送主要包括人工、机械、河道淤泥挖除、输送、堆放干化等。总清淤工程量约为6 850 m³。清淤工程量如表9-1所示。

表9-1 中心河清淤工程量一览表

河段名称	河段平均宽度(m)	清淤长度(m)	清淤深度(m)	清淤量(m³)
K1	5	50	2	500
K2	5	150	1	750
K3	5	150	2	1 500
K4	5	400	0.5	1 000
K5	5	50	2	500
中心河	10	1 300	0.2	2 600
总计	/	2 100	/	6 850

河道清淤虽然对水质能起到立竿见影的效果,防止底泥内源污染物的释放,但是清淤会同时带走河底的植物和微生物,破坏河床微生态系统,因此清淤后要进行河床原位修复。工程采用投加微生物修复剂的方法来迅速修复被破坏的微生物群落。中心河平均日径流量约为500 m³。

微生物菌剂每次按万分之一投加量投加,一次性投加量为50 kg,清淤后投加两次,间隔为一周,共计投加100 kg。

此外,为便于水系的流通,在东宁路西侧河道与K1段交接处安装1台提升泵。

(2) 河道边坡整治工程

东宁路与方大线之间中心河两侧边坡整治工程,长度约1.3 km。在两侧道路边缘,建设具有生态修复功能的生物滞留池。

工程规模为1 300 m(长)×1 m(宽)×0.2 m(深)×2(河道两侧),土方开挖520 m³,所需填料为砾石和砂砾约500 m³,填料从上至下为:砾石(5 cm)—砂砾(10 cm)—砾石(5 cm)。

① 边坡覆土工程

在中心河道路两侧基坑拟采用小型挖掘机开挖,配合人工整修,并辅助添加砂石填料,填料为砾石和砂砾约500 m³,填料从上至下为:砾石(5 cm)—砂砾(10 cm)—砾石(5 cm)。

② 生物滞留池植草沟设计

在生物滞留池的边缘(中心河边坡)处安装塑木栏杆,在中心河两侧铺加草坪植被,塑木栏杆的安装和草坪植被的铺设均采用人工实施。通过植物根系吸收部分雨水,通过生物过滤削减污染物质,对生物滞留池面积、进水系统、预处理池、滤料层、过滤层、排水层、排水系统进行设计。

植草沟主要对地表径流进行滞留、过滤和渗透,通过调节断面坡度、断面尺寸、最大有效水深、最大径流流速、生态草沟长度等技术参数达到输送雨水、用作缓冲带、平衡径流分布、减缓流速、沉淀粗泥沙、去除颗粒和污染物的效果。

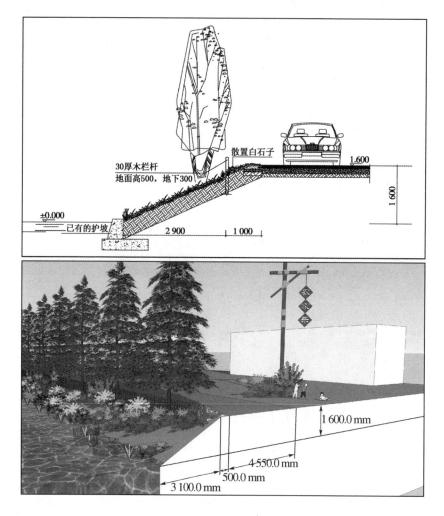

图 9-14 中心河边坡整治部分效果图

③ 雨水花园和人工湿地的设计

通过场地选择、土壤类型、花园面积、竖向坡度、植被种类等设计参数的选择,达到收集地面和屋顶雨水的目的,通过植物、沙土的综合作用后,渗入土壤,涵养地下水或补给景观用水、厕所用水等,是一种可持续安全高效的雨水自然净化与处置技术。

乡村水系整治需要进行充分的调研。我们不仅查阅了当地的水文资料,实地测量了基本数据,同时咨询了当地水利站负责人,对村庄以及周围整个流域的河网分布、水流方向、水位、流速、闸和水泵的分布等情况有了整体的了解,这就为解决问题提供了正确的方向。

乡村水系整治牵一发而动全身,需要和乡村道路、房屋、公建设施、景观综合考虑,才能事半功倍。同时,良好的水系会对乡村形象有极大促进作用。

(3) 农房-果园-休闲一体的特色景观营造技术

根据农房-果园-休闲一体的特色景观营造的需求,将"农耕文化园"结合起来,风格协调,与河道、景观的结合,打造生产、生活一体化的模式,既解决了住户周边的池塘净化以及与河道的连通问题,也解决了住户生活污水的生态化处理问题。同时,营造出风格多样的"农家乐"之类主题。开展适宜长三角快速城镇化地区的农房-果园-休闲一体的特色景观营造技术和集成应用研究。

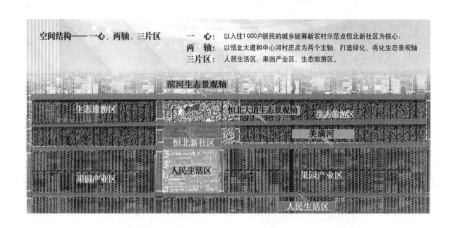

图 9-15　大丰市恒北村原规划和文件资料

根据乡村空间布局分析,现场勘查,确定农房试点,并详细考察农房、果园、原有建筑材料、乡土特色等基础资料进行记录和分析。

图 9-16　乡村农户果园现场勘查

根据调研资料及分析,进行恒北村农房-果园-休闲一体化的特色景观营造总体方案设计,包括农房外立面整体改造方案的设计,以及农户房前、河边、路旁环境整治方案设计,效果图绘制,施工图绘制,施工说明编写,项目概算书编制,并在实施过程中到现场进行技术指导。

图 9-17　规划设计方案(一)

打造农房-果园-休闲一体化的特色景观的主要方式及目的:

图 9-18 规划设计方案(二)

① 确定符合示范村落景观特色的农房-果园-休闲一体化格局

从乡村所在地区的生态环境、民居建筑风貌、院落空间布局和果园配套设施入手,确定符合示范村落景观特色的农房-果园-休闲一体化格局。在原有农房院落基础上,在农宅内部采用当地建筑材料,突出乡土特色;在农房与果园之间建立桥梁空间改造,设置绿色廊架,形成公共活动场地,并融入体验农户生活生产休闲活动,提高游客的参与度。

② 因地制宜实施农房-果园-休闲一体化

因地制宜布置农房与果园空间分布,果园种植与乡村生活生产习惯相协调,休闲观光与乡村生活相融合,院落与果园景观布局设计结合休闲农业经济一体化模式。

③ 依托乡村观光休闲发展本地经济产业

乡村经济产业引导,明确一种类型,形成村落休闲农业景观特色,依托乡村观光休闲发展本地经济产业。

图 9-19 改造后项目照片

乡村建设要因地制宜,同时要体现农业农居的特色,其景观设计要和生产生活结合起来,避免千篇一律的小区景观建设模式而失去乡村的原汁原味,而农房-果园-休闲一体的特色景观营造不仅能更好地融入乡村风貌中,而且能结合农业经济创造更多价值。

第十章 基于海绵城市设计理念的复合生态系统构建

长三角乡村小微型特色农业园,是一种自循环半封闭生态系统,因其地处长江中下游地区,水网纵横,非常适合进行基于海绵城市设计理念的复合生态系统的改造,该系统具有生态稳定性,资源可持续性等优点。本章主要探讨该系统内部海绵关键技术(生物滞留池、植草沟、雨水花园和人工湿地的设计)的生物种群和技术参数的选取和设定问题。

10.1 生物滞留池

生物滞留池的主要作用是通过植物根系吸收部分雨水,通过生物过滤削减污染物质,以达到滞蓄雨水、错峰缓排、污染物削减的作用。主要设计参数为生物滞留池面积、进水量、

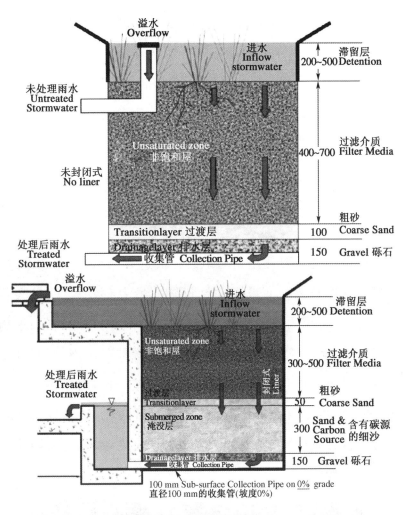

图 10-1 生物滞留池

预处理池容积、滤料层厚度、过滤层密度、排水层、排水量。主要通过正交试验,对设计参数进行方差分析,求得参数的最优取值区间。结合农业园历年水文资料,对农业用水、生活用水和工业用水进行合理的规划和分配,最终确定参数的最佳取值。

10.2 植草沟

植草沟的主要作用是对地表径流进行滞留、过滤和渗透。主要技术参数有断面坡度、断面尺寸、最大有效水深、最大径流流速、生态草沟长度等,以达到输送雨水、用作缓冲带、平衡径流分布、减缓流速、沉淀粗泥沙、去除颗粒和污染物的目的。主要通过正交试验,对设计参数进行方差分析,由于参数为连续变量,求得参数的最优取值区间,进而构建多元回归模型。通过结构方程(SEM)法验证参数之间的关系,通过微调达到试验的最佳效果。

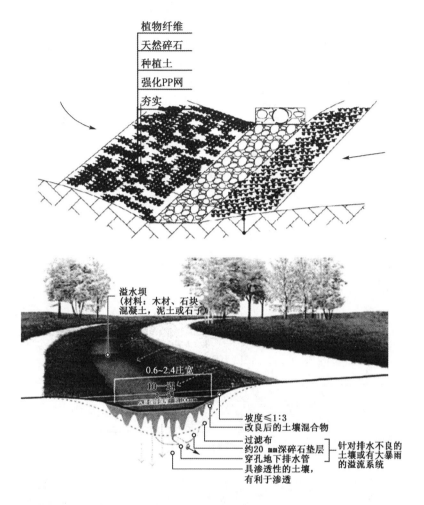

图 10-2 植草沟

10.3 雨水花园

雨水花园的主要功能:雨水自然净化与处置技术、收集地面和屋顶雨水。通过植物、砂土的综合作用后,渗入土壤,涵

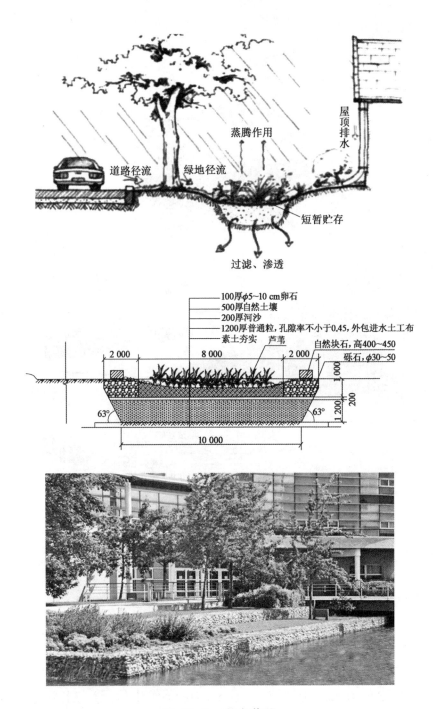

图 10-3 雨水花园

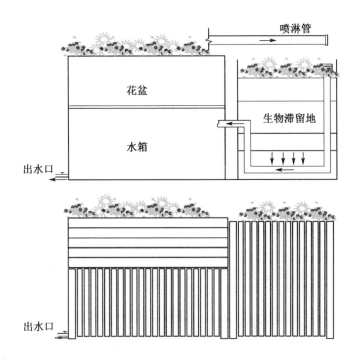

图 10-4 雨水花箱

养地下水,或补给景观用水、厕所用水等。主要设计参数为场地选择、土壤类型、花园面积、竖向坡度、植被种类。具体参数大小主要通过正交试验。由于场地选择为非连续变量,主要对设计参数进行方差分析,求得参数的最优取值区间。

另外,雨水花园的变异体雨水花箱也得到了广泛运用。

10.4 人工湿地

人工湿地的主要功能在于:点源污染治理、处理合流制污

图 10-5 人工湿地

水、雨水调蓄、改善微观气候。其基本工作原理为：进水区域——沉淀作用；处理区域——污染物去除；大流量分水槽——防冲刷。主要设计参数为：设计流量、湿地面积、水力效应、停留时间。主要通过正交试验，对设计参数进行方差分析，由于参数为连续变量，可以构建基于自净系统净化能力与各参数之间的多元回归模型，进而建立变量间的相关关系求得参数的最优取值区间。

10.5 生物种群选取

表 10-1 生物种群的选取

生长期		成熟期		植物外部特征		污染物相关性			
萌芽早[1]	生长期短[1,2]	成熟期早[1,2]	成熟期长[1,2]	株高大[1]	生物量大[2]	悬浮物	总磷	氮类	有机质
香蒲	香蒲	香蒲	香蒲	香蒲	再力花	菖蒲	黄菖蒲	黄菖蒲	香蒲
黄菖蒲	黄菖蒲	黄菖蒲	梭鱼草	芦苇	芦苇	泽泻	泽泻	梭鱼草	黄菖蒲
菖蒲	菖蒲	菖蒲	泽泻	再力花	慈姑		水葱		慈姑
水葱	梭鱼草	水葱	水葱	千屈菜	梭鱼草		千屈菜	泽泻	
千屈菜	泽泻		再力花	水葱				再力花	
芦苇	水葱		千屈菜					水葱	
			芦苇						

10.6 海绵体系自净效果——基于结构方程模型分析

Amos 是矩结构分析（Analysis of Moment Structures）的简写，是应用于结构方程模型（SEM）的分析，此种分析又称为协方差结构分析或因果模型分析。

Amos 结构方程主要用来研究变量之间错综复杂的相关关系和回归关系的组合，利用的分析原理是协方差分析。实际上是一种验证性的而非探索性的分析。

（1）显变量和潜变量 L

结构方程模型图是由显变量（X_1、X_2）、潜变量（F）、误差项（r_1、r_2）、单箭头（因果关系）、双箭头（相关关系）、模型相关系数（因素负荷量 β、误差方差系数、协方差系数）组成。

显变量（可观察变量）：人们可以直接进行观测的变量，是量表或问卷等测量工具所得的数据。如年龄、身高、价格、收入等。

潜变量（无法观察变量）：是显变量（可观察变量）间所形成的特质或抽象概念，无法直接测量，而要由显变量（可观察变量）测得的数据资料反映出来的。如顾客满意度、社会地位、学术成就等。一个潜变量必须有两个及以上的显变量连接。

潜变量之间的关系根据性质可以分为因果关系和相关关系，根据表现形式又可以分为线性关系和非线性关系。那我们所要掌握的就是变量之间的线性关系，既包括线性因果关系，也包括线性相关关系，即线性结构方程模型。

(2) 测量模型和结构模型

一个结构方程模型包含两个部分：测量模型和结构模型。

测量模型：潜变量与观察指标（显变量）的共变效果，这种直接效果称为测量模型。模型中只含有显变量，仅仅反映的是显变量之间的关系。测量模型在现实生活中非常常见，最常见的两种情况是可观测量化的显变量之间的相关分析和回归分析。

结构模型：潜变量间的连接关系称为结构模型，结构模型中只含有隐变量。纯粹的结构模型在现实生活中比较少见，因为不可观测的隐变量通常是通过可观测的显变量来衡量的，纯粹不可量化的隐变量很难进行定量统计分析。

(3) 外因变量、内因变量、中介变量

结构方程模型中的变量又可以区分为：外因变量、内因变量与中介变量。

外因变量（因）：在模型当中未受任何其他变量的影响，但却直接影响别的变量的变量。外因变量在路径分析图中相当于自变量。外因变量之间必须用双箭头连接。

内因变量（果）：指在模型当中会受到任一变量的影响的变量。在路径分析图中内因变量相当于因变量，也就是路径分析图中箭头所指的地方。所有内因变量均要设置误差项。

中介变量:就潜变量间关系而言,某一个内因变量对别的变量而言,可能又形成另一个外因变量,这个潜在变量不仅受到外因变量的影响(变量属性因变量),同时也可能对其他变量产生影响作用(变量属性自变量),这种同时具有外因变量与内因变量属性的变量,可称为一个中介变量。

在结构模型中,外因变量之间可以是无关联的,也可以是彼此之间呈现共变关系的(双箭头连接),而外因变量对内因变量之间的关系必须是单方向的箭号,前者必须是因、后者必须是果。

根据以上思路,构建检验小微型特色农业园水域自净能力的结构方程,具体如下图:

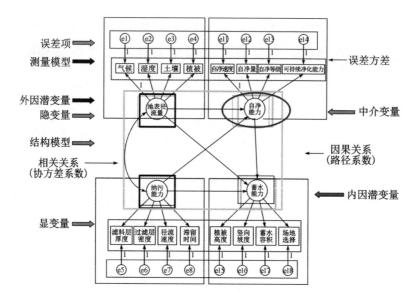

图 10-6　结构方程图

根据相关试验数据的检测结果,见表 10-2。

表 10-2 修正前模型拟合结果汇总

	统计检验量	适配的标准和临界值	模型修正前	模型修正后
绝对适配度指数	×2 值	显著性概率值 $P>0.05$(未达显著水平)	977.559	
	NC 值(×2自由度比值)	1<NC<3,表示模型有简约适配程度 NC>5,表示模型需要修正	3.974	
	GFI 值	>0.90 以上	0.699	
	AGFI 值	>0.90 以上	0.633	
	RMR 值	<0.05	0.154	
	SRMR 值	<0.05		
	RMSEA 值	<0.05(适配良好),<0.08(适配合理)	0.122	
	NCP 值	越小越好,90%置信区间包含 0	731.559	
	ECVI 值	理论模型值小于独立模型值,且小于饱和模型值	符合	
增值适配度指数	NFI 值	>0.90 以上	0.784	
	RFI 值	>0.90 以上	0.758	
	IFI 值	>0.90 以上	0.829	
	TLI 值(NNFI 值)	>0.90 以上	0.807	
	CFI 值	>0.90 以上	0.828	
简约适配度指数	PGFI 值	>0.5 以上		
	PCFI 值	>0.5 以上	0.738	
	PNFI 值	>0.5 以上	0.708	
	CN 值	>200		
	AIC	理论模型值小于独立模型值,且小于饱和模型值	不符合	
	CAIC	理论模型值小于独立模型值,且小于饱和模型的值	符合	

			Estimate	S.E.	C.R.	P	Label
HA	←	IASN	.612	.065	9.343	***	par_21
HA	←	SC	−.019	.069	−.280	.780	par_26
HET	←	HA	.436	.073	5.950	***	par_22
HET	←	IASN	.262	.066	3.939	***	par_23
HET	←	SC	−.159	.060	−2.660	.008	par_24

图 10-7 修正前 Estimates

在模型基本适配指标方面,误差方差均为正数;所有误差变异均达到显著水平,且 t 值>1.96;因素负荷量绝大多数在 0.50 至 0.95 之间;并且没有很大的标准误差。在整体适配度指标方面,自由度为 1 时,卡方值为 3.974,不在简约适配度 $1<NC<3$ 之间,但小于 5,显著性概率值 $P=0.000<0.05$,拒绝虚无假设,显示模型无法适配,需要修正。PCFI$=0.738$$>0.5$,PNFI$=0.708>0.5$,CAIC 值理论模型值小于独立模型值,且小于饱和模型值,符合标准。其他指标均未达到可以适配的标准。整体而言,初始的理论假设模型与实际数据间适配度不是很理想,需要进行模型的修正。

对模型进行修正(删除不显著关系,增加误差相关性)

Covariances: (Group number 1-Default model)

			M.I.	Par Change
r41	↔	SC	7.050	−.183
r17	↔	IASN	6.441	.269
r16	↔	r17	4.637	.144

r15	↔	r31	7.858	.179
r15	↔	r29	8.082	−.227
r15	↔	r16	17.917	.233
r7	↔	r8	31.538	.229
r6	↔	r8	5.549	.105
r6	↔	r7	6.448	.111
r5	↔	r31	6.492	−.126
r5	↔	r8	14.972	.147
r5	↔	r7	14.711	.142
r5	↔	r6	17.459	.170
r11	↔	r16	6.914	−.161
r11	↔	r7	4.425	−.113
r12	→	IASN	5.304	−.228
r12	↔	r17	14.240	−.293
r12	↔	r11	55.006	.529

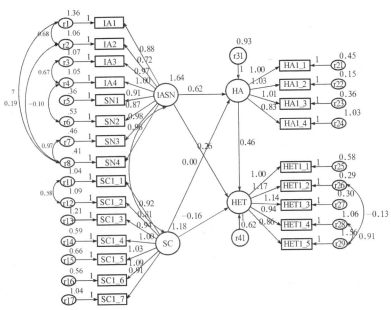

图 10-8 对模型进行修正

表10-3 修正后模型拟合结果

统计检验量	适配的标准和临界值	模型修正前	模型修正后
χ^2值	显著性概率值 $P>0.05$（未达显著水平）	977.559 (0.000)	423.051 (0.000)
NC值（χ^2自由度比值）	$1<NC<3$，表示模型有简约适配程度；$NC>5$，表示模型需要修正	3.974	1.864
GFI值	越接近越好，>0.90以上	0.699	0.879
AGFI值	越接近越好，>0.90以上	0.633	0.834
RMR值	<0.05	0.154	0.135
SRMR值	<0.05		
RMSEA值	<0.05（适配良好），<0.08（适配合理）	0.122	0.055
NCP值	越小越好，90%置信区间包含0	731.559	205.364
ECVI值	理论模型值小于独立模型值，且小于饱和模型值	符合	符合
NFI值	>0.90以上	0.784	0.922
RFI值	>0.90以上	0.758	0.902
IFI值	>0.90以上	0.829	0.969
TLI值（NNFI值）	>0.90以上	0.807	0.96
CFI值	>0.90以上	0.828	0.968
PGFI值	>0.5以上		0.642
PCFI	>0.5以上	0.738	0.769
PNFI值	>0.5以上	0.708	0.731
CN值	>200		
AIC	理论模型值小于独立模型值，且小于饱和模型值	不符合	符合
CAIC	理论模型值小于独立模型值，且小于饱和模型的值	符合	符合

			Estimate	S.E.	C.R.	P	Label
HA	←	IASN	.626	.070	8.973	***	par_13
HET	←	HA	.440	.071	6.172	***	par_19
HET	←	SC	−.177	.067	−2.654	.008	par_23
HET	←	IASN	.270	.067	4.025	***	par_24

图 10-9 修正后 Estimate

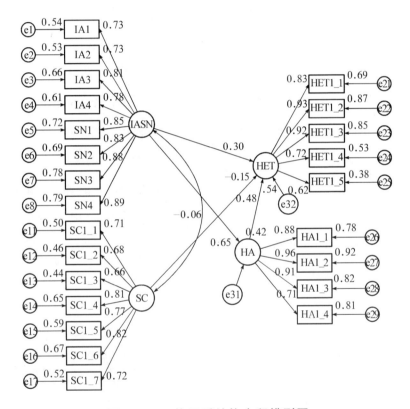

图 10-10 修正后结构方程模型图

修正后说明：

在模型基本适配指标方面，误差方差均为正数；所有误差变异均达到显著水平，且 t 值 >1.96；因素负荷量绝大多数在

0.50至0.95之间;并且没有很大的标准误差。在整体适配度指标方面,自由度为1时,卡方值为1.864,符合$1<NC<3$标准,表示模型简约且匹配程度非常好。RMR=0.135>0.05,RMSEA=0.055<0.08,NFI值、RFI值、IFI值、TLI值、CFI值均大于标准值0.9,PGFI值、PCFI值、FNFI值均大于标准值0.5,ECVI值、AIC值、CAIC值理论模型值小于独立模型值,且小于饱和模型值,符合标准。GFI值与AGFI值也都非常接近1。测量模型中的因素负荷量均达到显著($P<0.05$,t的绝对值>1.96),该模型有良好的效度。指标变量多元相关系数的平方(R^2)值基本达到显著,指标变量有良好的信度。整体而言,修正后的理论假设模型与实际数据间适配度较好。

该模型说明了自净能力、地表径流量、纳污能力、蓄水能力之间的可验证关系,对长三角小微特色农业园规划设计理论与方法具有实证意义。

第十一章 结论与展望

农业园规划和设计是城乡规划和乡村振兴的重要部分和具体实施环节。长三角乡村小微型特色农业园是一种自循环半封闭生态系统,因其地处长江中下游地区,水网纵横,非常适合进行基于海绵城市设计理念的复合生态系统的改造,该系统具有生态稳定性、资源可持续性等优点,更重要的是它可以成为城市水循环系统设计的突破口,对调节流域水资源的分配涵养和合理利用具有重要意义。因此采用海绵城市的设计理念和设计技术,基于复合生态系统理论的模糊评价体系,对农村小微型特色农业园进行系统规划有很大作用。

本书首先分析了长江三角洲地区存在的问题,并从政策层面提出了其发展规划的方针思路。通过分析已有的国内外成功的农业园案例以及各国对于农业园发展建设的政策,提炼适合农业园规划的相关理论和方法,为长三角地区的特色农业园的规划建设提供理论支持。并且对小微型特色农业园的具体模式做了探讨，结合分析现代农业示范园、农业科技园、生态农业园、观光农业园、休闲农庄和休闲农场，探讨了适应当地的特色农业园模式。

本书着重探讨了特色农业园的规划设计在长三角地区的本土化的研究。对传统乡村规划和管理理论、当代乡村规划理论与管理实践、新农村规划设计中复合生态系统理论、基于资源可持续管理理念的海绵城市设计理论、基于压力-状态-响应模型的乡村可持续发展评价理论，进行分析研究，结合长三角实际情况，让理论着地本土化。对长三角地区的特有的资源、社会、文化、环境等进行分析，结合总结的农业园建设理论对长三角地区的特色农业园作可行性研究，分析其理论方法的适用性，继而进行总结归纳。

农业园的规划涉及旅游学、经济学、农业学等多种学科理论，并且需要对前期策划、规划设计、经营管理等相关理论加以综合运用，这就需要对其多方面综合分析阐述，本文结合当地情况，把其复杂的综合理论进行分解，从多方面进行详细阐述，包括：乡村生活生产协同布局，乡村水系沟通整治，农村住宅生活生产协同设计等。

最后，结合大丰恒北村的实际工程，阐述了水系沟通工程、河道边坡整治工程、农房-果园-休闲一体的特色景观营造等，打造综合农村生产、生活、经济、景观、文化、海绵技术等多种理论和技术手段结合的具有特色的小微型农业园，提出一些具有规律性的、普适性的设计思路和方法，探讨了美丽乡村建设模式的设计思路和方法，力图为长三角地区的乡村建设提供一些思路。

  此外,本书以系统论的观点指导乡村建设模式设计,对于农业园采取的海绵技术做法做了分析研究,探讨了适用于长三角的乡村地区的水乡生态系统农业园海绵做法。对生物滞留池、植草沟、雨水花园、人工湿地、生物种群选取做了具体分析,研究探讨其在长三角的乡村地区的应用。并且对海绵技术的技术参数通过正交试验进行方差分析和回归分析进行量化,保证了海绵构造能够获得最大的自净能力和蓄水能力;并通过结构方程模型,对上千个样本数据进行了验证性检验,构建了一个从手段到目的的持续改进 PDFA 循环,从而在目标变量与控制参数之间建立可验证的数量关系。这种方法为农村小微型特色农业园的规划设计目标的实现提供了分析工具。

  本书以特色农业园为研究对象,以长三角地区为限定条件,结合学科理论,运用文献研究、案例分析法、归纳推理、实例验证等研究方法,以及具体项目的实践,探讨如何在长三角地区规划设计小微型的富有特色的农业园,为长三角地区乡村的规划发展提供了具有普遍指导意义的思路。

参 考 文 献

[1] 邵剑杰,黄淑娟,李先富."美丽乡村"建设背景下的乡村景观规划设计方法研究[J].住宅科技,2014(1):39-43.

[2] 刘黎明,李振鹏,张虹波.试论我国乡村景观的特点及乡村景观规划的目标和内容[J].生态环境学报,2004,13(3):445-448.

[3] 彭一刚.传统村镇聚落景观分析[M].北京:建筑工业出版社,1992.

[4] 芦原义信.街道的美学[M].尹培彤,译.天津:百花文艺出版社,2006.

[5] 赵之枫.传统村镇聚落空间解析[M].北京:建筑工业出版社,2015.

[6] 姚亦锋."生态文明"视角的江苏省镇域景观规划研究[J].中国园林,2013(6):55-58.

[7] 赵晓璐,曹珊.滇中山地乡村公共设施规划策略研究

[C]// 中国城市规划学会,沈阳市人民政府. 规划 60 年:成就与挑战——2016 中国城市规划年会论文集(14 山地城乡规划). 沈阳:中国城市规划学会,沈阳市人民政府,2016.

[8] 曹珊,陈孟曦. 云南玉溪村庄规划编制方法与实施机制研究[C]// 沈阳:中国城市规划学会,沈阳市人民政府. 规划 60 年:成就与挑战——2016 中国城市规划年会论文集(15 乡村规划). 沈阳:中国城市规划学会,沈阳市人民政府,2016.

[9] 刘甜田,叶喜. 美丽乡村建设中的乡村景观特色营造探析[J]. 绿色科技,2016(7):41-44.

[10] 任平,洪步庭,刘寅,等. 基于 RS 与 GIS 的农村居民点空间变化特征与景观格局影响研究[J]. 生态学报,2014,34(12):3331-3340.

[11] 吴江国,张小林,冀亚哲. 不同尺度乡村聚落景观的空间集聚性分形特征及影响因素分析——以江苏省镇江市为例[J]. 人文地理,2014(1):99-107.

[12] 曾成茵. 美丽乡村景观规划设计探析——以"高滩村"为例[J]. 美术大观,2013(8):133.

[13] 冀亚哲,张小林,吴江国,等. 聚落景观格局的空间粒度转换响应及其机理分析——以江苏省镇江地区为例[J]. 长江流域资源与环境,2013,22(3):322-330.

[14] 胡秀萍. 浅析乡村游背景下乡村聚落景观的规划设计[J]. 农业考古,2012(3):181-183.

[15] 肖旋,林辉. 城市化影响下我国乡村文化景观的现状及发展[J]. 中国城市林业,2011,9(5):26-28.

[16] 于慧芳,王竹. 浙江山地村落空间形态研究与规划设计实践[J]. 建筑与文化,2011(7):120-121.

[17] 韩非,蔡建明. 我国半城市化地区乡村聚落的形态演变与重建[J]. 地理研究,2011,30(7):1271-1284.

[18] 谢志晶,卞新民. 基于AVC理论的乡村景观综合评价[J]. 江苏农业科学,2011,39(2):266-269.

[19] 杨知洁,车生泉. 上海乡村聚落形态及景观风貌浅析[J]. 上海交通大学学报(农业科学版),2010(3):225-231.

[20] 王静文. 传统聚落环境句法视域的人文透析[J]. 建筑学报,2010(S1):58-61.

[21] 张华如. 城市边缘区乡村景观资源的保护与利用研究——以合肥大圩镇为例[J]. 中国园林,2009(1):91-93.

[22] 闫艳平,吴斌,张宇清,等. 乡村景观研究现状及发展趋势[J]. 防护林科技,2008(3):105-108.

[23] 翁有志,丁绍刚. 国内乡村景观规划文献研究分析与评述[J]. 安徽农业科学,2008(3):1032-1034,1075.

[24] 肖胜和. 乡村旅游规划中乡村景观规划实践——以杭州富阳白鹤村为例[J]. 云南地理环境研究,2007,19(6):118-121,135.

[25] 丁金华. 对乡村建设中景观生态学问题的一点思考[J].

江苏建筑,2007(5):3-4.

[26] 李金苹,张玉钧,刘克锋,等. 中国乡村景观规划的思考[J]. 北京农学院学报,2007,22(3):52-56.

[27] 李咏华,钱颖,喻孙坤. 浙江省长兴县:保护传统村镇聚落规划红色旅游景观[J]. 城乡建设,2007(6):37-43.

[28] 刘滨谊,汪洁琼. 基于生态分析的区域景观规划——主导生态因子修正分析法的研究与应用[J]. 风景园林,2007(1):82-87.

[29] 刘黎明,李振鹏,张虹波. 试论我国乡村景观的特点及乡村景观规划的目标和内容[J]. 生态环境,2004(3):445-448.

[30] 谢花林,刘黎明. 乡村景观评价研究进展及其指标体系初探[J]. 生态学杂志,2003(6):97-101.

[31] 钱迪飞. 乡村景观特色营造初探[J]. 上海商业职业技术学院学报,2003(4):55-56.

[32] 谢花林,刘黎明,李振鹏. 城市边缘区乡村景观评价方法研究[J]. 地理与地理信息科学,2003(3):101-104.

[33] 谢花林,刘黎明,赵英伟. 乡村景观评价指标体系与评价方法研究[J]. 农业现代化研究,2003(2):95-98.

[34] 金涛,张小林,金飚. 中国传统农村聚落营造思想浅析[J]. 人文地理,2002(5):45-48.

[35] 韩瑛,王崴. 村镇形态发展的自组织规律及其对规划设计启示[J]. 四川建筑科学研究,2014(4):353-356.

[36] 李立. 乡村聚落:形态、类型与演变[M]. 南京:东南大

学出版社,2007.

[37] 鲁西奇. 散村与集村:传统中国的乡村聚落形态及其演变[J]. 华中师范大学学报(人文社会科学版),2013,52(4):113-130.

[38] 刘晓星. 中国传统聚落形态的有机演进途径及其启示[J]. 城市规划学刊,2007(3):55-60.

[39] 黄浩. 基于"开放"理念下的传统聚落保护模式的探索[D]. 昆明:昆明理工大学,2014.

[40] 张楠. 作为社会结构表征的中国传统聚落形态研究[D]. 天津:天津大学,2010.